FRANCESCO DESSOLIS

PRIMA DELLA FINE

IL TRAMONTO DI UN IMPERO

AUTORE:

Francesco Dessolis, per vivere fa l'ingegnere, ma il suo grande amore, la sua vera passione sono la storia e tutti i suoi addentellati a 360°... Ha pubblicato: "L'ultima rosa" (2007, Zerounoundici Edizioni), "Guerre Sante" (2009, Zerounoundici Edizioni) "Armi e Amori (2009, Zerounoundici Edizioni) " Quando tramonta il sole" (2011, Aracne editice), "Il muro di Milano" (2015, Soldiershop editore).

NOTE EDITORIALI

I nostri libri, quando necessario utilizzano solo testi immagini libere da copyright, principalmente in accordo con la data del decesso dell'autore, unita a immagini o riproduzioni stampate su libri o riviste d'epoca o ancora grazie a materiale concesso con licenze creative commons 3.0 or 4.0 (cc by 4.0), (cc by-nd 4.0), (cc by-sa 4.0) ecc. Inoltre diamo sempre la regolare attribuzione nelle didascalie delle immagini, del testo e/o nello spazio ringraziamenti. L'Editore rimane comunque a disposizione degli eventuali aventi diritto per tutte le fonti iconografiche dubbie o non identificate.
I nostri libri utilizzano solo fonts licenziati da **SIL Open Font License** o licenze similari.

RINGRAZIAMENTI

Ringrazio anzitutto Francesco Vaccaro, che mi ha suggerito l'idea di questo romanzo e che mi ha fornito molti spunti interessanti per le parti narrate dai personaggi barbari. Purtroppo con lui ho perso i contatti. Spero di ritrovarlo per ringraziarlo di persona.
Ringrazio anche gli amici che hanno letto le prime bozze del romanzo in anteprima e che mi hanno dato interessanti suggerimenti: in particolare Carla Ghinami, Tiziana Tedesco, Daniele Serra, Luca Schieppati, Sandro Visci, Alex Marco Valerio, Paolo Belocchi.
Grazie anche all'Associazione ROMARS per l'aiuto fornitomi. Un ringraziamento speciale a tutti quelli che hanno apprezzato il mio romanzo, leggendolo fino all'ultima pagina.

ISBN: 9788893274418 Marzo 20189
Titolo: **Prima della fine** romanzo storico di Francesco Dessolis
Altrastoria 24 - Proprietà letteraria riservata
© Luca Cristini Editore 2019 Cover & Art Design: L. S. Cristini.

FRANCESCO DESSOLIS

PRIMA DELLA FINE

IL TRAMONTO DI UN IMPERO

ALTRASTORIA 24

"Exaudi, regina tui pulcherrima mundi,
inter sidereos, Roma, recepta polos;
exaudi, genetrix hominum genetrixque deorum:
Non procul a caelo per tua templa sumus.

....

Fecisti patriam diversis gentibus unam;
profuit iniustis te dominante capi;
dumque offers victis proprii consortia iuris,
Urbem fecisti, quod prius orbis erat. "

Rutilio Namaziano - secolo V

"Del tuo mondo, bellissima
regina, o Roma, ascolta;
ascolta, nell'empireo
ciel accolta
madre, non pur degli uomini
ma dei celesti. Noi
siam presso al cielo per i templi tuoi.

....

Desti una patria ai popoli
dispersi in cento luoghi:
furon ventura ai barbari
le tue vittorie e i gioghi;
ché del tuo diritto ai sudditi
mentre il consorzio appresti,
di tutto il mondo una città facesti"

Giosuè Carducci- secolo XIX

PREFAZIONE

Nel 395 D.C., dopo la morte di Teodosio, l'impero romano si divise definitivamente in Impero Romano d'Oriente e Impero Romano d'Occidente. Mentre l'impero d'oriente riuscì, fortunosamente, a conservare la sua unità, l'impero d'occidente precipitò subito nel caos.

Sotto l'imperatore Onorio, figlio di Teodosio, Roma subì il primo saccheggio da parte dei Visigoti di re Alarico. Alla morte di Onorio si scatenò una ennesima guerra civile, terminata con un accordo tra il magister militum Ezio e l'imperatore d'oriente, che fece incoronare a Roma il giovanissimo Valentiniano III, figlio di Galla Placidia, sorella di Onorio. Era l'anno 425 D.C.

Proprio con l'incoronazione di Valentiniano, inizia questo romanzo, raccontato in prima persona alternativamente da un personaggio romano e uno barbaro, fino al fatidico 476 D.C., anno della caduta formale dell'Impero Romano di Occidente.

Nella narrazione mi sono sempre attenuto alle fonti storiche. Quando di una storia ci sono più versioni, ho scelto quella più adatta al mio romanzo, arricchendola con dettagli di fantasia. Tramite i miei personaggi, ho cercato a fare entrare il lettore nell'atmosfera di un impero morente che alcuni ancora oggi rimpiangono.

In coda al romanzo ci sono due Appendici.

Nella Appendice 1 sono indicate le reali vicende dei personaggi storici citati, distinguendo tra realtà e fantasia.

Nell'Appendice 2 c'è una leggenda per le tante espressioni latine che ho voluto inserire nel romanzo, inclusi i nomi latini di città che oggi conosciamo con altri nomi.

PARTE PRIMA

Romani e barbari
(425-439 D.C.)

1
Anicio

Ho conosciuto Flavio Placido Valentiniano, noto poi come Valentiniano III, quando fu proclamato imperatore davanti al Senato e al popolo romano. Allora il *nobilissimus puer* aveva sei anni. Io solo uno di più. Correva l'anno 1178 dalla fondazione di Roma o, secondo il calendario che hanno proposto alcuni cristiani, l'anno 425 dopo Cristo.

Dopo la cerimonia ho giocato con Flavio nei giardini di quello che restava della Domus Aurea. Abbiamo fatto a una gara di corsa nel lungo viale dal cancello al portone del palazzo. Valentiniano era più piccolo di me ma naturalmente è arrivato primo. L'ho lasciato vincere perché così mi avevano raccomandato. Dopo tutto lui è l'imperatore ed io solo il patrizio Marco Anicio Massimo, figlio di un semplice senatore che aveva dato un ricco contributo alla sontuosa cerimonia di incoronazione. I romani cercavano di far dimenticare il sacco dei visigoti di Alarico, avvenuto solo quindici anni prima.

Valentiniano era abituato a vincere sempre, tranne naturalmente con la madre, Galla Placidia, reggente dell'impero. La mamma ha preteso che il figlio sudato si facesse subito un bel bagno e l'imperatore mi ha invitato a continuare a giocare nella grande piscina delle sue terme. Nudi come mamma ci ha fatti, abbiamo nuotato nell'acqua calda, dove mi sono addirittura permesso di tenere, per pochi istanti, la testa dell'imperatore sott'acqua. Fu allora che Valentiniano mi ha invitato a chiamarlo Vale, in privato. Lui mi chiamava Anicio. Partendo per Ravenna. Vale ha promesso che sarebbe tornato presto a trovarmi. Da allora Valentiniano ed io ci siamo rivisti tutte le estati.

A Ravenna, ad agosto, fa un caldo asfissiante e le zanzare non danno tregua. L'imperatore era felice di venire a passare qualche giorno di vacanza nella nostra villa a Baia. La costa flegrea non è più quella di una volta e poche famiglie patrizie riuscivano ancora a mantenere le loro ville. A Vale piaceva molto giocare con me, A Ravenna non aveva amici ma solo guardie e cortigiani. La madre lo obbligava a passare tutto il tempo con pedagoghi greci e istruttori d'armi barbari. Galla Placidia teneva d'occhio Vale anche quando stava con me, ma più da lontano. Lei passava la maggior parte del tempo con il barbaro biondo che le faceva da guardia del corpo: un corpo bellissimo, quello della *Domina*, degno di essere guardato e non solo. Alla *nobilissima* i barbari piacevano. Dicono che abbia molto amato il suo primo marito, il re visigoto Ataulfo, mentre sopportava appena il suo secondo marito Costanzo, padre di Valentiniano e di sua sorella Onoria.

Una volta ho visto Galla Placidia nuda: stava uscendo, come una Venere, dalle onde del mare. Io avevo quattordici anni e la guardavo nascosto dietro una barca. A un certo punto ho avuto l'impressione che mi avesse notato. Si è voltata dalla mia parte e si è girata, rimanendo un attimo immobile prima di coprirsi con un asciugamano. Quel triangolino nero ha turbato le mie notti per molto tempo...

Appena compiuti diciotto anni, Valentiniano è finalmente uscito dalla tutela della madre ed è diventato un vero imperatore. E' stato allora che gli ho scritto che accettavo con piacere il suo invito a Ravenna. Da tre anni Vale ed io non ci vedevamo ma non sarei andato a trovarlo solo per ricordare in vecchi tempi. Ero costretto a chiedergli un favore. Avrebbe continuato a essere mio amico?

Arrivo a Ravenna, ultima capitale dell'impero, il 10 marzo dell'anno 1190 A.U.C. (o, se preferite, nel 437 D.C.). Arrivo a cavallo alle porte della città. Sono accompagnato solo da Ludovico, che era entrato nella mia casa come schiavo domestico ed era finito per diventare il mio migliore amico. Mio padre era cristiano e aveva liberato tutti i suoi schiavi, fratelli in Cristo. Oro so che lo aveva fatto soprattutto perché non aveva i soldi per mantenerli, a causa delle sue pazze spese per tenere un tenore di vita che non ci potevamo più permettere, soprattutto dopo la morte di mia madre.

Le guardie alle porte del palazzo reale controllano i nostri documenti, la lettera d'invito dell'imperatore e infine ci fanno entrare. Poco dopo sono a colloquio con la *nobilissima* Elia Galla Placidia.

La ex reggente ora deve avere intorno ai quarantacinque anni ma
è ancora bella come la ricordavo. La sua pelle è liscia, ma forse le
creme mascherano le rughe. Porta i lunghi capelli neri raccolti sulla
nuca e indossa una tunica lunga fino ai piedi, i cui spacchi e pieghe
lasciano intravvedere molto del suo splendido corpo, soprattutto a
me che ho avuto l'opportunità di vederlo senza veli. Ora però quello
che più mi colpisce sono i suoi occhi: scuri, bellissimi ma soprattutto, gelidi, indagatori, tipici di una donna di potere.
«Ave, Anicio! Sei cresciuto. Ti sei fatto un bel giovanotto!»
Con mio grande imbarazzo Galla si avvicina e mi tasta i muscoli delle braccia e il torace, come se volesse saggiare il fisico di uno
schiavo. Prima che possa ribattere, aggiunge: «Sei venuto qua perché
sei rovinato, vero?».
Arrossisco. Cerco di salvare la faccia.
«Sono venuto su invito dell'imperatore che mi ha sempre onorato
della sua amicizia. Devo ammettere però che la Dea Fortuna ha abbandonato la mia famiglia, dopo la morte di mio padre, due anni
fa!»
La *nobilissima* scoppia a ridere.
«Dare la colpa alla Dea Fortuna non è giusto per un cristiano, e nemmeno per una persona intelligente. Mi hanno mandato un rapporto
sulle speculazioni di tuo padre e non capisco come un patrizio della
gens Anicia abbia potuto dissipare una fortuna. La villa di Baia ce
l'avete ancora?»
«Sì. Non sono riuscito a venderla. Ci sarebbe da spendere troppi
soldi per rimetterla posto. Adesso è abbandonata come le altre della
zona.»
«E la vostra casa all'Esquilino?»
«Ho dovuto cederla allo zio Marco. Era il nostro principale credito-
re. Ci avevano tolto anche l'acqua.»
Galla Placidia annuisce.
«Avevo capito che Marco Anicio Prospero era l'unico della tua famiglia con la testa sulle spalle. Invece di perdere tempo con la politica
ha preferito fare prestiti a strozzo. Vuoi che ti troviamo un posto
nell'amministrazione qui a Ravenna? La corte è piena di parassiti.
Almeno tu hai un nome importante e sei amico dell'imperatore.»
Scuoto con forza la testa.

«Non voglio fare il parassita e nemmeno lo scribacchino. So andare bene a cavallo e maneggio perfettamente la spada. Voglio entrare in una legione!»

La *nobilissima* mi guarda stupefatta.

«Stai scherzando? Un romano soldato?»

«E perché no? Sono stati i legionari romani a creare l'impero!»

«Sì! Ma nessun romano si è arruolato in una legione da almeno due secoli. Anche gli italici si contano sulla punta delle dita.»

Galla Placidia continua scuotere il capo ma noto che mi guarda con occhi diversi. Non so perché, ma sono salito nella sua considerazione. Ne approfitto per ribattere.

«Non sarà per questo che l'impero romano rischia di crollare? Perché facciamo combattere per noi solo i barbari contro altri barbari?»

La *nobilissima* annuisce.

«Forse hai ragione, ma ormai è troppo tardi. Anche il capo del nostro esercito, Flavio Ezio, *Comes et Magister militum,* è un barbaro. Non accetterebbe mai un legionario romano.»

«*Nobilissima,* fammi avere un colloquio con lui! So che la madre di Ezio era italica. Il *magister militum* non è completamente barbaro. Riuscirò a convincerlo.»

Galla Placidia si alza in piedi,

«Ci penserò! Però non puoi presentarti da lui come sei ora. Puzzi come una bestia. Ti faccio accompagnare alle terme. L'imperatore ti raggiungerà appena avrà finito di parlare con l'ambasciatore di Costantinopoli.»

Da molto tempo non facevo un bel bagno. Negli ultimi mesi, la piscina di casa mia era piena solo di acqua verde stagnante. Avrei potuto andare a una delle terme pubbliche, ma troppi mi conoscevano: sarebbe stata un'umiliazione per un Anicio.

Mi lavo bene in una vasca del *tepidarium.* Solo quando la mia pelle ha ripreso il suo colore naturale, mi azzardo a entrare nei locali del *calidarium,* dove c'è la grande piscina imperiale. Non faccio in tempo a entrare in acqua che arriva anche l'imperatore, nudo come me.

Non è la prima volta che io e Vale nuotiamo insieme, ma adesso la situazione è differente.

L'ultima volta che c'eravamo visti avevamo tre anni di meno. Da allora eravamo cresciuti tutti e due, e non solo di altezza. Ci siamo guardati e ho avuto la conferma che la mia *mentula* era ancora sensibilmente più grande della sua. Come muscolatura però Vale era ben messo, a riprova che il suo addestramento da imperatore includeva anche qualche ora di *gymnasium*.

L'imperatore si tuffa subito in acqua ed io con lui. Vale però risale in superfice prima di me e ne approfitta per tenermi la testa sott'acqua. Devo lottare strenuamente con lui per riprendere il fiato. Alla fine devo arrendermi, rendendo ancora omaggio all'imperatore.

Solo più tardi, nei triclini del *tepidarium,* Vale ed io ci raccontiamo le nostre ultime avventure. L'imperatore era stato informato del tracollo della mia famiglia ma rimane di stucco quando gli dico che sua madre mi procurerà un appuntamento con il *Comes et Magister militum.*

«Speravo che accettassi un incarico a corte. Ezio è sicuramente un ottimo *magister militum* ma è troppo ambizioso per me. Anche mamma lo teme.»

Colgo la palla al balzo.

«Se così fosse, non ti sarebbe utile avere un uomo di tua fiducia accanto a lui?»

«Forse, ma tu saresti capace di fare il doppio gioco per me? Ezio non è uno *stultus*. Potrebbe rifiutare di arruolarti. O, peggio ancora, mandarti in un posto in cui ti faresti ammazzare subito.»

Lo sapevo, ma dovevo dimostrare che un romano è ancora capace di combattere e vincere: a Valentiniano, a Ezio e, soprattutto, a me stesso. Potevo contare solo sull'affetto del mio liberto Ludovico, che mi era rimasto fedele anche nella cattiva sorte. Lui è nato in un villaggio dei Franchi e mi ha insegnato tutto quello che so sulle tecniche di combattimento.

Tornati nello spogliatoio, vedo che Galla Placidia mi ha fatto trovare una nuova tunica, morbidissima. Mentre la indosso, noto nel muro una fessura in alto, da cui spuntano un paio di occhi. Lo faccio notare sottovoce a Vale, ma lui mi risponde a voce alta.

«Non ci fare caso. Ci sono abituato. Mia madre e le sue guardie mi tengono sempre d'occhio. Per la mia sicurezza, dicono. »

Forse. Ma io non sono abituato a essere spiato, soprattutto quando sono nudo. Tanto più che quegli occhi mi sembrano propri quelli di Galla Placidia.

Mentre l'imperatore torna ai suoi appartamenti un servo mi accompagna alla mia stanza. Mi riferiscono che Ludovico è stato già accompagnato ai locali della servitù. Lo manderò a chiamare domani mattina. Ora sono stanchissimo e voglio farmi un bel sonno.
Nel letto trovo una sorpresa: alla tenue luce delle candele, vedo una bella donna nuda con un *culum* fantastico. Regalo di benvenuto? Vale è proprio un ospite perfetto! Non sono più tanto stanco. Dopo tutto è molto tempo che non...
Mi avvicino a quella che credo una schiava. La bacio. La sua mano mi stringe la *mentula*. Di colpo la donna si mette sopra di me e incomincia a *futuere*. Solo allora mi accorgo che è Galla Placidia!
Forse ad attirarla nel mio letto è stata la curiosità per un romano che vuole combattere. O forse lei ha gradito lo spettacolo che ha visto da quella feritoia nello spogliatoio. In ogni caso mi prende con il più focoso degli amplessi, accompagnato dalle più belle parole che ho sentito in lingua latina.
"Tu desiderium meum, tu voluptas mea..."

2

Theodomir

Quando ho superato il Reno circa due primavere fa, la stagione del freddo aveva ghiacciato il grande fiume e persino i cervi pelosi, abituati alle temperature più rigide, avevano abbandonato la nostra terra. La mia compagna era morta dando alla luce una bambina. I miei due figli maschi avevano l'aspetto gracile e feroce dei lupi di Odino e nei loro sguardi scorgevo la forza degli ostrogoti. Mia sorella Grethel li farà crescere forti e sani. Avrei dovuto restare con loro, ma, quando mio fratello Valamir mi ha raccontato delle terre del sole, a sudovest del grande fiume, mi è venuta una gran voglia di visitarle. Alla prima occasione ci siamo uniti ad una tribù che, come tante, sfidava l'inverno ed i controlli degli elmi di ferro.

Valamir ha servito negli eserciti della città della Lupa per due stagioni, ma non ha mai interrotto l'attività che più gli piaceva: razziare e distruggere villaggi. In fondo, gli abitanti di quella lontana città non prendono più le armi e non raccolgono gli scudi. Quando il nemico è lontano si pavoneggiano grassi e placidi sui loro triclini. Quando invece i nemici si avvicinano, corrono con le borse cariche d'oro alla ricerca di qualche tribù barbarica che combatta per loro. Noi amiamo l'oro e ancor di più adoriamo combattere e ci sentiamo fieri di poter portare le armi. Forse è venuto il tempo per la nostra gente di prendere il posto dei debosciati popoli che si crogiolano al sole.

Ora sono legionario del dodicesimo forte ausiliario del Reno. Sto contando le mie monete.

Stupido, folle e infido Lothar! Mi aveva assicurato che avrebbe venduto l'armatura per venti denari! Invece solo dieci ne sono entrati nella mia bisaccia. Questa non è una buona cosa.

I miei pensieri sono interrotti dalla voce di mio fratello Valamir.

«Di cosa ti preoccupi, Theodomir?»

«Di cosa mi preoccupo? Il preposto all'armeria è un gallo! Non ama i germani. Se non gli do almeno cinque monete, potrebbe perfino punirmi per aver venduto ciò che non mi apparteneva.»

«Parli di Rutilio, il biondo?»

«Esattamente! Di chi vuoi che io parli?»

«Rutilio non può punire nessuno né tantomeno lo farà. Le nostre tribù riunite fanno parte dell'esercito in qualità di federati! Noi non prendiamo ordini da nessuno.»

«Rutilio è un mezzo romano!»

«Rutilio è un idiota e tu lo sei ancora di più. Dammi le tue monete.»

«Cosa? Vuoi prendere il mio guadagno?»

«Nessuno ruberà ciò che ti spetta, tantomeno tuo fratello. Ora dammi le monete e seguimi.»

«Dannazione! Ecco queste monete. Dove dobbiamo andare?»

«Proprio all'armeria e porta la tua bisaccia con te.»

Con un pugno Valamir mi colpisce in pieno volto facendomi cadere al suolo. Un rivolo di sangue cade dal mio naso e si diffonde sulla mia bocca. Ancora frastornato e incredulo cerco di rialzarmi, preso dalla furia di Thor.

«Cosa diavolo hai fatto?»

«Sta zitto se non ne vuoi un altro. Ora seguimi in silenzio e non pulirti il volto.»

Rutilio è davanti all'armeria del fortino, circondato da alcuni servi. Sta comodamente seduto a masticare della carne secca e lentamente si dondola su uno sgabello fischiettando un orrendo motivo della sua terra. Si considera un romano nonostante suo padre fosse un gallo e sua madre una semplice serva di una villa di *Arelatae*. Vede arrivare da lontano me e mio fratello, e rimane immobile ad aspettarci. Ha sempre avuto soggezione di Valamir.

«Dannazione Rutilio! Dobbiamo per caso iniziare una faida?»

«Una faida? Per quale motivo?»

«Quegli sporchi dei Batavi! Con quale diritto aggrediscono un goto? Anche noi serviamo per Roma e vigiliamo su queste fredde terre.»

«Calmati Valamir e non farla lunga. Cosa è accaduto?»

«Mio fratello si era allontanato per cacciare qualche coniglio e integrare quella brodaglia che voi ci fate mangiare, ed ecco che è stato aggredito da quei selvaggi! Parlerò con gli altri della tribù e vedremo cosa fare! Se vogliono che noi...»

«Basta, basta... Cosa posso fare per calmare la tua ira?»

«Io non voglio nulla. Mio fratello ora è privo di lancia e di scudo!»

Rutilio scuote la testa e chiama un suo sottoposto.

«Lumitax, entra in armeria e prendi l'occorrente per il soldato Theodomir. Non posso permettere che un così rispettabile soldato vada in giro senza armi. Ecco a voi... spero che la tua ira si sia placata Valamir.»

«Insomma... Per questa volta non riunirò la mia gente ma farai bene a parlare a quegli sporchi batavi! E' l'ultima volta che...»

Rutilio fa finta di credere alla interminabile storia che mio fratello continua a proporgli. Sa che i barbari che servono come ausiliari nell'impero in breve tempo imparano ad essere falsi e ladri. Rubano qualsiasi cosa e pretendono con la foga dei conquistatori.

Valamir si rivolge a me soddisfatto.

«Hai visto?»

«Dannazione! Sei astuto come una faina, Valamir!»

«Ora hai di nuovo l'occorrente per un guerriero, aspetta un po' prima di venderlo nuovamente.»

«E le mie monete?»

«Ah... le monete. Giusto, giusto. Ecco a te!»

«Queste sono solo cinque!»

«Metà a testa come dei buoni fratelli. In fondo tu ora hai uno scudo ed una lancia nuovi e Rutilio ti fornirà un elmo se mai andremo in battaglia. Non dovresti lamentarti.»

Fisso con odio il volto barbuto di mio fratello e poi il mio sguardo si sofferma sui potenti muscoli delle sue braccia. Valamir era guerriero quando io ancora succhiavo il latte di mia madre e ha una forza fuori dal comune. Stringo con forza i pugni delle mani e mi sforzo di sorridere.

«Sta bene fratello.»

«Bene. Come vedi puoi sempre contare su di me. Ora andiamo alla *taberna* a festeggiare questo buon affare...»

«Io sono di guardia alla torretta, fratello.»

«La guardia è per i debosciati. Lascia che qualcun altro se ne occupi.»

«Umm! Solo un boccale, però.»

«Magari un paio di un boccali! E' un buon giorno e persino gli Dei sono contenti. Io parlo con gli Dei, ne sei al corrente?»

«Mi hai già raccontato di questa cosa, ma non dovresti farne parola con gli altri. Potrebbero prenderti per matto.»

«Nessuno oserebbe mai deridere Valamir. Ora andiamo nella *taberna*, fa un freddo tremendo qui fuori.»

L'aria della *taberna* è umida e stantia. Molti soldati hanno avuto la stessa idea e sembra che la sede del campo fortificato si sia trasferita in quell'edificio, tanta è la gente che si accalca vicino ai tavoli o litiga giocando ai dadi. Un gigante dalla capigliatura rossa urla qualcosa indicando Valamir.

«Valamir! piccolo infame goto, fottitore di capre!»

«Childeric! Grasso gigante franco! Vieni qui e fatti stringere. Da quanto tempo sei arrivato?»

«Da tre giorni. Ti ricordi di Vengeran?»

«Quel piccolo bastardo? Come potrei scordarmene! Cosa gli è accaduto!»

«Ah nulla, nulla. Almeno credo. Fatto sta che stava tornando verso il suo villaggio e ha incrociato il suo passo con il mio. Mi ha raccontato che qui pagano profumatamente per tenere in mano delle armi e combattere. Ho chiesto l'indicazione per arrivare in questo luogo ed ho guidato i miei uomini verso questo schifo di *taberna*!»

«Ah! Sono felice che ci sia tu qui, molto felice.»

«Eppure questo posto mi puzza di romano, non mi trovo molto a mio agio.»

«Romano? Non ci sono romani nell'arco di molte miglia. Qui ci sono solo ostrogoti e due coorti di batavi. Quelli sì che puzzano di romano!»

Ascolto con scarsa attenzione la discussione dei due compagni in quanto tutto il mio interesse era diretto alla grande ala di pollo con le cipolle nella mia ciotola. In realtà, mentre gli altri si servono con le loro mani direttamente da un grande vassoio al centro della tavola, io ho preteso dall'oste di essere servito nel mio piccolo piatto di terracotta. Strappo con forza un pezzo di pane e lo strofino sulla superficie della terracotta per raccogliere il sugo e i resti della carne. Termino il pasto con un sonoro rutto, per indicare a tutti il mio compiacimento.

Mio fratello continua a ingoiare i boccali di birra e a scambiare pacche sulla spalla con il nuovo arrivato. Io preferisco osservare i giocatori di astragali che scommettono i loro denari sul lancio degli ossa di pecora, gli aliossi. Conosco bene quel gioco, che i romani chiamavano *talus*. Roltoch lancia i suoi ossicini e chiama, a gran voce la Dea dell'amore: vorrebbe assicurarsi il colpo di Venere, con quattro facce diverse. Quando gli aliossi terminano di vorticare è invece l'avversario di Roltoch a ruggire di felicità. Gli ossi parlano chiaro. Tutte le facce riportano il numero uno: è il colpo del cane, la combinazione peggiore per un giocatore. Roltoch colpisce con forza il tavolo e smette di giocare. Esce dalla locanda, mentre il suo avversario raccoglie le sue monete. E' a quel punto che percepisco qualcosa di interessante nella conversazione tra mio fratello e Childeric, il gigante dai capelli rossi.

«Qualcosa si muove amico mio, qualcosa si muove!»

«Di cosa si tratta?»

«Le tribù dei Franchi Salii si sono riunite e hanno stabilito di nominare un re: hanno scelto Clodiano.»

«Un unico re? Non è mai accaduto!»

«Che c'è di strano? I vostri cugini Visigoti lo hanno già fatto. Poi hanno saccheggiato Roma e ora sono padroni dell'Aquitania. Anche noi dovremmo spostarci a sud. Nessuno vuole più patire la fame e gli inverni a Nord sono sempre più lunghi e freddi.»

«Eppure qualcosa non mi convince. E' difficile vedere i capi clan abbandonare il loro potere per concederlo ad un padrone ancora più forte. »

«Clodiano guiderà un popolo di uomini liberi. Quando partiranno io andrò con loro.»

«Eppure qui si sta bene. In fondo la paga è buona e nessuno pretende che tu faccia qualcosa di particolare per guadagnartela. Le battaglie sono rare e quando c'è qualcosa di grosso si muove sempre l'esercito del *magister militum*. Noi ci limitiamo ad impedire che i germani passino il confine o a uccidere qualche brigante.»

«Dovrei sorvegliare questo dannato fiume per essere pagato?»

«Più o meno, finché il preposto del campo non ci indichi un'altra mansione. »

«Nessuno può dare ordini a Childeric. »

«Gli ordini si possono evitare. Devi solo stare attento ai batavi! Si sentono come romani. »

«Se provano a toccarmi assaggeranno la mia lama tagliente.»

«A proposito di lame. Ci sarà da combattere tra qualche giorno. Gli osservatori hanno notato dei movimenti al di là del fiume.»

«Che tribù?»

«E cosa ci importa? Alemanni, goti, burgundi... non è importante in questo luogo. »

«Ah me importa. Childeric non combatte i propri fratelli.»

«Qui noi rappresentiamo l'impero e nessuna nostra lama incrocerà quelle delle tribù amiche. Ma la forza può essere usata anche in altri modi...»

«Sei stato troppo tra i romani, fai che le tue parole siano comprensibili ad un guerriero come me!»

«Le tribù premono sui confini romani perché sono attratte come noi dalla ricchezza di queste terre. Noi siamo l'unico ostacolo che impedisce l'accesso ad altri barbari... così ci definiscono i romani. »

«Barbari? »

«Forse è riferito al nostro modo di portare i capelli o di parlare... non mi interessa quello che pensano. In ogni caso ritornando al discorso principale...»

«Mi stai facendo venire un gran mal di testa! Oste porta qui altri due boccali di birra. Lascia perdere quel vino annacquato o ti infilo la mia ascia nella schiena. »

«Bevi pure amico mio, bevi pure e ascoltami. »

«Ti sto ascoltando, ma devi riuscire a parlare come un vero goto! »

«Noi decidiamo chi passa e chi non passa. E' questa la nostra forza. »

«Inizio a capire. »

«Bene. Più siamo in grado di controllare le orde che si avvicinano al *limes*, più potremo imporre il nostro dazio. »

«Valamir sei diventato più scaltro del divino Loki; i romani accettano questo? »

«I romani non esistono più in questo luogo. Mandano i loro denari e pretendono ubbidienza.»

«Childeric obbedisce solo a...»

«Si, si, tu non prendi ordini da nessuno ma se vorrai affiancare la tua lama alla mia noi potremmo fare grandi affari qui. »

«Sta bene, ora fammi mangiare e bere a sazietà. I miei uomini hanno sofferto in mezzo alla neve e non posso chiedergli di fare altro per molto tempo. »

«Mangeranno e berranno finché i loro stomaci diventeranno come i tronchi dei pini del freddo nord. Ci sarà tempo per parlare di affari. »

«Ora parli come si deve! Bevi con me fratello. »

Io continuo a sentirmi a disagio in mezzo a quegli strani guerrieri franchi dalla capigliatura rossastra. Sono fastidiosi nel gesticolare e nel mangiare però mio fratello li tiene in ottima considerazione, forse a causa del loro numero.
All'interno del forte è sempre più evidente la disparità tra la volontà imperiale di imporre delle regole certe e la stridente realtà barbarica. In tutto l'accampamento, composto da circa cinquecento ausiliari, il novanta per cento di essi proviene dall'esterno dell'impero e i rimanenti "cittadini romani" sono in realtà figli di liberti o di servi che cercano affermazione nell'esercito. Mio fratello Valamir è uno dei capi riconosciuti del gruppo degli ostrogoti locali ma altri cercano di aumentare il loro piccolo potere personale, facendo arruolare persone delle loro famiglie. Le faide sono all'ordine del giorno e il sangue che più scorre all'esterno del campo non è quello delle tribù che cercano di forzare le scarse difese imperiali.
Ho veramente fatto bene a seguire Valamir in questo posto dimenticato dagli dei? Sento la mancanza della mia compagna, Gurung dai capelli d'oro. Lei ora è morta ma nel mio paese avrei potuto scegliere un'altra giovane donna che riscaldasse il mio letto. Ora spendo quasi tutto quello che guadagno in birra, donne e gioco...
A proposto... al tavolo del *talus* si è appena liberato un posto!
«Passatemi gli aliossi, batavi di merda!»

Mi risveglio solo nel mio letto. Galla Placidia ha lasciato la mia stanza a notte fonda, dopo almeno tre ore di una *Ars Amatoria* che non avrei mai creduto possibile. Eppure avevo perso la verginità a soli quindici anni, quando Dafne, la concubina greca di mio padre, mi aveva fatto capire che avrebbe gradito un po' di carne fresca. Quando lei ha lasciato la nostra casa, portandosi via tutti i gioielli di mia madre, mi sono consolato con le meretrici dei più rinomati *postribula* di Roma, almeno finché ho potuto mettere tutto sul conto di mio padre...

Vedo che la luce del sole filtra dalle finestre. Il sole deve essere sorto da almeno un'ora. Mi alzo e vado nella sala da bagno. Noto con soddisfazione che la vasca è piena d'acqua e c'è anche un sedile di marmo pregiato, collegato con un tubo alla cloaca del palazzo. Non ero più abituato a questi lussi!

Una volta svuotate le viscere, m'immergo nella vasca, L'acqua fredda finisce di svegliarmi. Mi asciugo e m'infilo la mia tunica nuova. E adesso?

Vale mi ha promesso che avrebbe parlato con Ezio, ma il potere a Ravenna è ancora nelle mani di sua madre. Sarà rimasta soddisfatta della mia prestazione? Oltretutto la ginnastica di stanotte mi ha messo una gran fame...

Bussano alla porta. Su un vassoio c'è la mia colazione: latte fresco, pane appena uscito da forno, formaggio e frutta. A portarmela è Ludovico, su incarico di Valentiniano.

Mentre mangiamo insieme, Ludovico mi spiega che siamo attesi per un esame delle nostre attitudini militari da parte del *magister militum per Gallias* Marco Mecilio Flavio Eparchio Avito.

«E chi *mentula* è questo Avito? Mi aspettavo di parlare con il grande Ezio, non con un suo subordinato dal nome altisonante!»

«Se passerai l'esame, parlerai anche con Ezio. Ma non sottovalutare Avito! Viene da una potente famiglia della Gallia ed è il comandante dell'esercito che sta per partire per l'Alvernia. Se ci accetta, partiremo con lui!»

Mentre si trovava negli alloggi della servitù Ludovico ha raccolto molte informazioni interessanti. Quello che resta dell'esercito romano è ora diviso da invidie e gelosie. Il primato di Ezio era stato messo in discussione dal *comes rei militaris* Litorio, che aveva sconfitto i ribelli Bagaudi in Armorica e ora marciava verso sud, per liberare Narbona dall'assedio dei Visigoti. Solo che l'esercito di Litorio era formato soprattutto da mercenari unni. Passando per l'Alvernia, gli unni avevano pensato di "arrotondare" il loro soldo con saccheggi e rapine. Ezio aveva nominato Avito prefetto del pretorio delle Gallie e gli aveva affidato, come *magister militum per Gallias*, un esercito per combattere gli Unni ribelli, e a "dare un supporto" a Littorio contro i Visigoti.

«Vuoi dire che Ezio si servirà di Avito per mettere da parte Litorio? Allora non è così sicuro del suo potere!»

«In questo impero ormai nessuno è sicuro! Tuo padre era l'unico a non essersene accorto. Però era un brav'uomo. L'ho capito quando l'ho visto per la prima volta al mercato degli schiavi, mentre ero legato agli altri prigionieri franchi. Io avevo quattordici anni ed ero gracile e debole. Mi ha comprato solo per non farmi finire nelle fauci di un leone, in una di quelle vergognose arene che il papa non è ancora riuscito a fare chiudere»

Ricordavo bene l'arrivo di Ludovico alla *Domus Anicia*. Io avevo solo due anni meno di lui. Mio padre lo aveva assegnato al mio servizio dopo avermi fatto un predica degna di San Paolo.

«Ricordati che anche gli schiavi sono nostri fratelli in Cristo. Ludovico si prenderà cura di te come un fratello maggiore.»

Sì, mio padre era veramente un bravo cristiano. Se anche la castità e la sobrietà dei costumi fossero state tra le sue virtù, sarebbe diventato santo!

Ludovico ed io siamo cresciuti veramente come fratelli. Tanto che, quando tutti i liberti ci hanno lasciato, lui è rimasto con me. Ancora mi domando perché.

«Ludovico, ora sei un uomo libero. Puoi ancora cercare di raggiungere la tua tribù in Gallia.»

«Non so nemmeno dove sia ora la mia famiglia. Mio padre è morto nella scorreria in cui sono stato fatto prigioniero, mia madre è stata fatta schiava e non so nemmeno se è viva. Solo mio fratello Childeric riuscì a scappare ma ora non mi riconoscerebbe nemmeno. Ormai sono un romano e ho quasi dimenticato la lingua dei Franchi. No, Anicio! Non ti libererai di me tanto facilmente!»

In realtà anche Ezio ha assistito, con Avito, al nostro esame, anche se sono stati alcuni mercenari barbari di basso rango a saggiare le nostre capacità.
Ludovico se l'è cavata meglio di me. Lui ha imparato ad andare a cavallo prima ancora di camminare e sapeva già maneggiare discretamente la spada, prima che mio padre pagasse un maestro d'armi trace perché ci esercitassimo insieme.
Io mi sono trovato a combattere, con spade di legno, con un unno, di nome Ulfila. Non avevo mai visto uno di questi guerrieri venuti dalle grandi pianure orientali, con gli zigomi sporgenti, gli occhi a mandorla e un corpo tutto muscoli. In un combattimento vero mi avrebbe fatto a pezzi in pochi minuti ma in una lotta simulata doveva per forza lasciarmi un po' di spazio. Io ne ho approfittato per studiare il suo comportamento e sfruttare la mia agilità per dargli un paio di colpi che in battaglia sarebbero stati fatali... se fossi riuscito a sopravvivere ai suoi, naturalmente!
Quando mi sono rialzato da terra, ho visto Avito, da lontano sorridere e annuire. Ezio è rimasto impassibile.
Avito mi chiama a rapporto poco dopo.
«Puoi venire con noi in Alvernia, Anicio. Sarai un *protector domesticus*. Non avrei mai pensato che un discendente di Vercingetorige avrebbe avuto un giorno ai suoi ordini un patrizio romano, ma adesso siamo tutti cittadini romani. Dobbiamo essere uniti contro quelli che si ostinano a rimanere barbari. Tu non sei Giulio Cesare ma almeno hai fegato. Fatti valere sul campo come nel letto!»
Non riesco a trattenere un sorriso. Il *magister militum per Gallias* è alto e robusto e non dimostra più di quarant'anni. Parla latino con un lieve accento gallo e ha un aspetto curato. Forse anche Avito ha conosciuto intimamente la madre dell'imperatore.
Ezio con me è più brusco.
«Il fatto che sei un patrizio romano non deve darti né vantaggi né svantaggi. Cerca di dimostrare il tuo valore, se ce l'hai. Ma ricordati che devi fare il soldato, non la spia dell'imperatore!»
Forse la raccomandazione di Galla Placidia ha avuto l'effetto contra-

rio sul *Comes et Magister militum*. Ezio aveva raggiunto la sua posizione a dispetto delle sue origini gotiche. Era capo dell'esercito dell'impero prima ancora della incoronazione di Valentiniano e anche la nobilissima Galla Placidia era dovuta venire a patti con lui. Evidentemente diffida dei romani, verso i quali forse conserva una specie di complesso d'inferiorità. Cerco di rabbonirlo.
«Ringrazio il *Comes et Magister militum* per l'opportunità che mi sta offrendo. La politica non m'interessa. Adesso sono un soldato e il primo dovere di un *protector domesticus* è l'ubbidienza ai suoi superiori, fino al *magister militum* e all'imperatore.»
Ezio è resta impassibile e mi congeda freddamente. Sappiamo entrambi che la carica di *protector domesticus* è spesso una scorciatoia, per i giovani di buona famiglia, per fare una rapida carriera nell'esercito. Io farò fin dall'inizio parte dello stato maggiore del *magister militum*. Devo assolutamente farmi amico almeno Avito perché è evidente che Ezio coglierà qualunque pretesto per togliermi di mezzo.

Prima di partire per la Gallia vado a salutare Valentiniano. Lo trovo impegnato in un'animata discussione con una giovane donna, alta e snella con lunghi capelli neri e grandi occhi azzurri, vestita con una preziosa tunica ricamata.
«Ave Anicio! Ti ricordi di mia sorella Onoria?»
Ricordavo la sorella di Valentiniano. Era venuta una volta alla nostra villa di Baia, con la madre. Allora Onoria aveva dodici anni ed era una ragazzina magrissima e scontrosa. Nei pochi giorni della sua permanenza a Baia, era rimasta quasi sempre nella sua camera, rifiutando di giocare con me e Vale. Ora si era trasformata in una bella donna.
«Ave Onoria! Ho avuto il piacere di conoscerti molto tempo fa ma non credo che ti ricordi di me.»
Onoria mi squadra da capo piedi e scuote la testa con una smorfia.
 «Infatti! Non mi pare di avere mai conosciuto nessun Anicio. Ho sentito il tuo nome solo ieri quando mia madre parlava di te con Avito. Te la sei scopata anche tu?»
L'imperatore impallidisce.
«Onoria! Ti proibisco di parlare in questo modo! Torna nelle tue stanze. Riprendiamo il discorso dopo.»

Onoria esce senza nemmeno salutare. Crescendo, il suo aspetto è migliorato, ma non il suo carattere.

L'imperatore per un attimo torna a essere il mio amico Vale e si confida con me.

«Che devo fare con quella donna? Le avevo proposto il matrimonio con un nobile bizantino, ma a lei non basta!»

Cerco di minimizzare.

«Tua sorella è bellissima. Non credo che avrà difficoltà a trovare un patrizio che le piaccia.»

«Deve piacere anche a me! Non posso permettermi di avere un cognato che cerchi di portarmi via il trono imperiale.»

Resto ancora un po' a parlare con l'imperatore ma mi limito a ringraziarlo per il suo intervento a mio favore e a promettergli eterna fedeltà come soldato dell'impero.

Sono proprio contento di partire. Gli intrighi della corte di Ravenna sono più pericolosi delle frecce dei barbari!

Ai primi di aprile, la mia legione raggiunge il passo del Moncenisio, che separa l'Italia dalla Gallia. Le nevi cominciano a sciogliersi ma fa ancora molto freddo e il fango rallenta non poco la nostra avanzata. Mi domando come ha fatto a passare di qui Annibale con un esercito africano, con tanto di elefanti!

È dura la vita dell'unico romano di una legione romana. La maggior parte degli ufficiali sono galli come Avito che guardano con sussiego e ironia il ragazzo raccomandato.

Tra i legionari di basso rango va ancora peggio. Sono quasi tutti barbari: goti, longobardi, franchi o alemanni. Non hanno nemmeno imparato un latino decente e tra di loro parlano lingue impossibili, piena di consonanti aspirate.

Ci sono anche alcuni Unni, tra cui Ulfila. Avito li ha portati con sé nella speranza che possano fare da intermediari con i loro compaesani ribelli. Gli Unni stanno sempre tra loro, confabulando in una lingua che neanche i Germani riescono a capire: sono i più barbari tra i barbari. Sono quindi stupito quando Ulfila esce dal suo gruppo e viene a offrire un goccio di grappa a me e Ludovico, mentre ci scaldiamo al fuoco davanti alla nostra tenda. Prima ancora che possa ringraziarlo, Ulfila mi parla a bassa voce.

«La grappa è solo una scusa per parlare con te. Non sono una spia ma quello che sta per accadere non mi piace. Tu sei l'unica persona vicina ad Avito che conosco. A me non crederebbe nessuno.»
Bevo un goccio e passo la bottiglia a Ludovico.
«Che sta succedendo?»
«Ruberanno la cassa della legione, stanotte. L'hanno proposto anche a me, ma io ho una moglie in Italia, con un figlio in arrivo. Mi hanno promesso una terra vicino a Cremona, appena finisco questa missione. Non voglio mandare tutto all'aria.»
Accetto volentieri da Ludovico un altro goccio di grappa.
«Chi farà il colpo? Uno dei tuoi compagni?»
«No! Non tradirei per nessun motivo i miei compagni e loro non tradirebbero mai me. Però, quando scopriranno il furto, Avito forse incolperà noi. Solo per questo ho voluto avvisarti.»
«Allora chi sono i ladri?»
«Te l'ho già detto. Io non faccio la spia. Scoprilo da solo!»
Ulfila si riprende la bottiglia beve un altro sorso e si allontana.

Discuto a lungo con Ludovico su come dobbiamo comportarci.
Avvisare Avito? È la prima cosa che mi viene in mente, ma se i ladri avessero come complice una persona a lui vicina? Io sarei screditato per avere dato retta a un unno e i ladri farebbero il colpo un altro giorno, magari dando la colpa a me! Ludovico mi suggerisce la soluzione più pericolosa: metterci noi stessi a guardia della cassa e cogliere il ladro in flagrante.
I ladri non tardano ad arrivare. Riconosco Ambiorige, *protector domesticus* come me, un gallo di *Lugdunum* e lontano parente di Avito. Con lui ci sono Totila e Alberico, due soldati goti. Ambiorige si avvicina al legionario di guardia: è una recluta, un giovane alemanno. Ambiorige lo distrae sussurrandogli qualcosa all'orecchio e Totila gli taglia la gola.
Senza pensare mi lancio addosso a Totila. Gli infilo la spada nel petto ma Ambiorige mi dà una botta in testa e Alberico m'immobilizza. Ambiorige mi guarda compiaciuto.
«Capiti a proposito, romano di merda! Quando ti troveranno morto, accanto a Totila e alla guardia, penseranno che sia stato tu a organizzare il colpo.»

Totila, a terra, emette un gemito.
«Sono vivo!»
Alberico si china e gli taglia la gola.
«Ora non più! E adesso tocca a te, fottuto romano!»
Una freccia colpisce in un occhio Alberico. Ambiorige ha un atti-mo di esitazione ed io ne approfitto per divincolarmi e mollargli un calcio nelle palle. Il gallo cade a terra urlando e Ludovico interviene poco dopo puntandogli una spada alla gola.
«Non ucciderlo! Deve essere lui a raccontare tutto ad Avito!»

La notte successiva sono ancora con Ludovico davanti al fuoco. Ulfi-la ci raggiunge con una bottiglia di grappa.
«Hai le palle, romano!»
«Ambiorige non più. Avito lo ha fatto castrare, prima di impiccar-lo.»
«Che hai raccontato ad Avito?»
«Che Ludovico ed io passavamo per caso. Non so se ci ha creduto, ma nemmeno io faccio la spia. Mi passi la bottiglia?»
«Con piacere *comes*!»

4

Henning

Di cosa stanno parlando i nostri aguzzini?

Guardo mia madre e mia sorella Ingrid, in lacrime. L'idea di Morten di forzare i controlli si è tramutata in un disastro. Eppure avevo tentato di avvisarli ma nei clan degli Juti si parla solamente per ordine gerarchico.

Mio padre, il più anziano, mi aveva urlato contro tutta la sua rabbia, ordinandomi di stare zitto e di andare tra le femmine e i cani, alla fine della coda. Ho obbedito mordendomi le labbra e lasciando spazio ai cosiddetti guerrieri della nostra tribù.

Per mio padre io sono solo il piccolo Henning, il figlio della donna franca che fuggì dai romani vent'anni fa e cercò protezione nel nostro clan. Il grand'uomo la prese come concubina e come serva. I figli che mia madre gli ha generato per lui sono sempre stati solo dei bastardi. Per mio padre contava solo Morten, figlio della sua prima moglie, l'unica donna che forse ha mai amato.

Morten non aveva nemmeno notato le orme della sentinella a cavallo, grandi e incredibilmente profonde in mezzo alla neve. Solo io ho visto le tracce di cenere del bivacco della sera precedente e i rami spezzati in mezzo al sottobosco. Ieri sera ho persino cercato di fargli capire che ci avevano già avvistati e che i fuochi sospesi nell'area non appartenevano agli spiriti ma erano riverberi di torrette di guardia poco distanti. Gli elmi di ferro ancora controllano con attenzione questa zona e non si lasciano scappare delle piccole prede come noi A volte penso che mi reputino uno stupido solo perché non ho ancora raggiunto l'età per prendere moglie. Eppure combatto con più ardore degli altri, sono abile nella caccia e nell'uso della lancia e, da quando ho compiuto sedici anni, nemmeno Morten riesce a battermi nella lotta con la *spatha*. Non ci riuscirà più perché adesso giace massacrato in mezzo alla neve e ha finito di compiacere gli dei con le sue scorribande.

Eppure era stata proprio sua l'idea di superare il grande fiume e di riunire una decina di famiglie con le loro cose. Mio padre gli aveva affidato il suo medaglione di bronzo sancendo così il passaggio di potere. Nella festa di partenza, davanti al gigantesco fuoco innalzato per compiacere gli dei e saziare le nostre pance, tutti gli uomini liberi avevano lodato l'idea di Morten e le sue capacità. Ora mio fratello giace nella neve in mezzo al sangue e ai suoi escrementi. Quelli là lo hanno massacrato senza nemmeno dargli la possibilità di replicare. Guardo ancora i nostri aguzzini e ne sono disgustato.

Dove sono i romani? Dov'è l'aquila d'oro che guida gli eserciti della città immortale? Questi sono di stirpe germanica come noi, ma si atteggiano da padroni. Non possiamo fare nulla. Siamo completamente circondati e oggetto di scherno e di controllo.

Dopo la morte di Morten mio padre ha tentato di parlare con quei guerrieri ma ha ricevuto semplicemente l'ordine di stare zitto e un manrovescio che lo ha gettato in terra. In quell'attimo ho provato un malvagio piacere. In fondo, per molti anni, sono stato trattato nello stesso modo perché questa è l'usanza della nostra gente. Poi però ho notato che quelli non accennavano a smettere ed ho sentito l'odio covare nel mio corpo. Tra i nostri aguzzini spiccano un gigante dai capelli rossi e un altro guerriero più piccolo ma dal volto feroce. E' lui il capo della compagine e tiene in mano un gladio romano.

Perché ci trattano in questo modo? Cosa li spinge ad agire così? La risposta alla mia domanda è racchiusa negli sguardi avidi dei guerrieri che guardano verso i carri e le donne. Ora non ci sarà niente da fare, se non sottostare ai soprusi e alle angherie. Se solo gli Juti mi avessero ascoltato, non ci sarebbe stato tutto questo, ma io sono un ragazzo, un bastardo, e dovevo stare tra le femmine ed i cani. Quelli che ci hanno fatto prigionieri non fanno caso a me. Parlano ad alta voce nella lingua dei franchi.

«Cosa ne pensi Valamir?»

«E' stata una fortuna, Childeric. Proprio una bella fortuna. Ti avevo detto che qui c'è da divertirsi.»

«Dannati straccioni, cosa pensavano di fare?»

«Volevano passare il confine; come tutti del resto. Le favole sulle immense ricchezze dell'impero hanno raggiunto persino i pallidi giganti del nord. Hanno commesso un grave errore e sono finiti proprio in bocca al lupo.»

«Come procediamo?»

«Dobbiamo prendere una decisione; non voglio che si immischino quegli sporchi batavi; sono sempre pronti a mandare un messaggero al *magister militum* o a riferire qualcosa al *protector* del campo.»

«Prima o poi dovremmo...»

«Sss, non farti sentire. Un goto agisce senza dare spazio alle parole.»

«Un goto? Me ne fotto di voi goti, io sono un franco e faccio ciò che mi aggrada.»

«Certamente, ma tu farai ciò che io ti consiglierò. In fondo il mio e il tuo clan sono uniti in questo forte. Ti ho mai deluso?»

«Sei un fottitore di capre e con le tue parole mi fai dolere la testa! Eh va bene, stai tra i romani da più tempo di me e ti ascolterò, ma prima di sera voglio scoparmi le più belle donne di questa sporca tribù. Magari anche un ragazzo!»

«Non iniziare subito! A nessuno piace vedere la propria moglie o il proprio figlio, violentati davanti ai loro occhi.»

«Allora cosa consigli di fare, per Thor!»

«Parlamentiamo con il vecchio, ma questa volta non lo abbattere con il tuo pugno. Ci terremo le giovani donne e tutte le loro monete.»

«E i carri?»

«Cosa vuoi farci? Avranno solamente pochi stracci. Naturalmente li bruceremo. Non mi va di vederli di passare con tutta quella robaccia. Fa chiamare il vecchio e portamelo qui.»

«Per Loki! Childeric non è un servo. Manda tuo fratello e io sarò qui a controllare con te.»

Valamir ha un attimo di esitazione. Forse non gli piace che Childeric metta in discussione i suoi ordini, ma infine decide di compiacerlo.

«Theodomir, muoviti! Va dal vecchio e trascinalo qui con la forza se occorre.»

5

Theodomir

Guardo con rabbia mio fratello. Altri ordini, solo sporchi ed inutili ordini. Eppure avevo seguito le tracce di quelle famiglie per tre notti, non tornando nemmeno al campo. Li avevo seguiti come un lupo e da bravo cacciatore aveva aspettato il momento migliore per avvisare i miei compagni. Quando avevo visto quel guerriero tentare di attraversare a nuoto il fiume lo avevo aspettato dall'altra parte armato di lancia e arco. Due frecce si erano conficcate nelle gambe del bastardo e quando si era avvicinato, stava già piangendo e si cacava addosso dal dolore. Avevo trafitto lentamente il ventre dell'uomo osservandolo morire e sputando sul suo cadavere ma, subito dopo, una rabbia furente aveva preso il posto della soddisfazione. Persino dopo il mio eccellente lavoro, mio fratello continua a trattarmi da stupido e a ridere dei miei sforzi. Pulisco la *spatha* lunga sui calzoni del morto e mi avvio verso Valamir, che a gran voce mi ha richiamato.

«Theodomir! Va dal vecchio!»

«Quale vecchio? L'intera tribù è composta soprattutto da vecchi e bambini.»

«Il vecchio che si atteggia a capo.»

«Sono un guerriero non un messaggero.»

«Sei un guerriero del dodicesimo forte ausiliario del Reno e prendi ordini da me, Valamir, tuo fratello maggiore. Va dal vecchio, ora!»

Valamir scandisce lentamente le ultime parole mostrando i suoi denti ingialliti e sporchi. Ancora una volta sono sconfitto. Verrà il momento della vendetta ma per ora devo obbedire e diventare sempre più forte e scaltro. Forte come Thor e scaltro come Loki.

Arrivo fino alle carovane ripetendo queste parole nella sua mente e prendo il capo tribù per i capelli gettandolo a terra. Un uomo della carovana accorre per aiutarlo ma riceve un colpo di piatto sulla spalla. Mi guardo intorno in cerca di segni di sfida. Gli altri uomini ed il resto della carovana abbassano gli occhi, umiliati ed intimoriti.

«Alzati, vecchio! Mio fratello vuole parlare con te.»

«Io... io non posso!»

«Sta zitto e non pisciarti nei pantaloni. Vecchio stupido. Cosa pensavi di fare?»

«Noi volevamo solo raggiungere campi più fertili e...»

«Non mi interessa cosa volevate fare. Vai avanti e muoviti.»

Trascino quasi di peso il vecchio davanti a mio fratello. Valamir lo guarda compiaciuto, mentre Childeric, accanto a lui, ride in maniera scomposta e fastidiosa. Mi dà fastidio quella sua risata offensiva poiché non avevo agito per suscitare ilarità ma rispetto.

Il vecchio si getta in terra implorando pietà e guarda con atteggiamento supplichevole i due soldati.

«Alzati, e smetti di tremare!»

«Potenti guerrieri, io...»

Childeric gli dà uno schiaffo fortissimo facendolo precipitare al suolo.

«Povero stupido. Non siamo qui per sentire le tue suppliche. Ora rialzati e ascolta bene le nostre parole.»

«Si... si! Non parlerò...non picchiatemi!»

«Non mi interessa da dove proviene la tua gente né tantomeno desidero sapere dove volete andare. Avete commesso un grave crimine e Roma non è felice di questo. Non passerete senza pagare per il vostro errore.»

«Cosa... cosa volete? »

«Innanzitutto devi dire agli uomini delle famiglie che ti seguono di gettare in terra le spade.»

«Le nostre armi? Gli uomini liberi impugnano le armi...»

«Sta zitto! Voi non siete più uomini liberi; siete solo fuggiaschi che devono implorare perdono a Roma. Ora non mi ripeterò.»

«Domando perdono! Io... io non vi interromperò più!»

«Devono gettare le armi in terra, tutti! Poi potremo parlare».

Il vecchio fa un segno in direzione dei carri e i guerrieri del suo clan immediatamente buttano le loro lance e le spade nella neve. Due franchi, al comando di Childeric, accorrono per raccogliere le armi lasciando di fatto indifesi quegli uomini.

«Vedo che riuscite a capire qualcosa a quanto pare.»

«Noi cerchiamo la pace... non vogliamo problemi.»

«E non ne avrete se ascolterete con attenzione le mie parole. Devi far gettare tutta la merce in terra compresa quella dei carri.»

«Tutte le nostre poche cose?»

«Tutto. I carri poi verranno bruciati. Questo per evitare che nascondiate qualche bella fanciulla all'interno.»

«Senza carri...»

«Non ho finito. I miei uomini a quel punto prenderanno tutte le monete e i vostri monili più preziosi. Inoltre le giovani donne e alcuni ragazzi resteranno con noi, nel villaggio vicino al forte.»

«Ma...»

«Passeranno solo le famiglie complete e i vecchi. Puoi scegliere: questo o la morte!»

«Non posso chiedere questa cosa ai miei familiari... al mio clan!»

«Allora hai scelto la morte.»

«No! No! Aspetta... faremo come tu dici.»

«Vai dal tuo clan e comunica la nostra decisione. Questo è il prezzo da pagare per chi offende Roma.»

6
Henning

Quando mio padre ha comunicato la condizioni imposte da quello schifoso, le donne del clan si sono gettate a terra graffiandosi il volto e strappandosi i capelli. Gli uomini hanno alzato i pugni in alto, maledicendo il cielo, e il volto dei vecchi si sono rigati di lacrime. Avevano fatto tutta quella strada solo per assistere allo smembramento delle loro famiglie e per vedere morte e distruzione. La cosa che mi ha infastidito maggiormente è stata quella di vedere le nostre cose gettate sulla neve e pestate dai rozzi stivali dei franchi. Cercavano oro e monete e hanno persino distrutto le nostre poche anfore contenenti la birra ed il cibo, pensando di trovare chissà quali tesori. Quando hanno terminato con quell'azione scellerata hanno iniziato a dividere le giovani dalle vecchie e, non mantenendo fede ai patti, hanno preteso anche le donne che avevano già marito.

Mentre le donne piangono guardo con durezza mio padre. E' stato lui a scegliere di affidare i carri e le famiglie a quello stolto di Morten. Vorrei sputargli in faccia il mio odio ma darei solo soddisfazione a nostri aguzzini. La nostre tribù poteva contare su almeno una decina di guerrieri adulti armati ma il nostro capo ha preferito accettare l'accordo del comandante di quella compagine, disarmando la sua gente. Che patto scellerato e inutile. Non ci si accorda con il nemico con i pantaloni abbassati!

Ora mia madre si dispera mentre viene trascinata via, con mia sorella Ingrid, e viene portata davanti al gigante dai capelli rossi. Vedendolo, mia madre impallidisce. Sembra riconoscerlo.

«Childeric!»

Il gigante ha un sussulto. Fa cenno all'altro franco di andare via e rimane a confabulare con mia madre. Non riesco a sentire quello che dicono ma parlano nella lingua dei franchi che mia madre ha voluto insegnare anche a me. Capisco che lei ha conosciuto Childeric quando era ancora una donna libera: prima che diventasse schiava dei romani, e poi serva degli Juti.

Il gigante franco conduce mia madre e Ingrid all'interno del forte. Lo vedo parlare con Valamir.

Il goto completa la scelta delle donne che resteranno nel forte. Sono trattenuti anche alcuni ragazzi. Tremo all'idea che scelga anche me - ma, quando mi passa davanti, Childeric gli fa cenno di no e Valamir sceglie invece un mio cugino, di dodici anni.

Io resto con il gruppo a cui è concesso di passare. Siamo una cinquantina, compresi vecchi e bambini. Stiamo per incamminarci verso sud quando siamo raggiunti da mia madre.

Mio padre le va incontro.

«Bertha! Sei salva!»

«Non grazie a te, Gustav, vecchio rincoglionito! Non osare nemmeno parlarmi! Per colpa tua abbiamo perso tutto!»

Mio padre non osa nemmeno reagire. Mio cugino Arnold rincara la dose.

«Ti avevo detto che dovevamo che dovevamo unirci agli Angli e imbarcarci per la Britannia. Lì non ci sono più legioni romane!»

Anche i più giovani si fanno beffe di Gustav. I pochi adulti rimasti cominciano a guardarsi l'un l'altro. Chi sarà il nuovo capo?

Mia madre si dirige verso di me e mi trascina lontano dal gruppo.

«Henning! E' ora che ti racconti quali sono le tue origini.»

«Mamma, so già di essere mezzo franco. Chi è quel Childeric? Un tuo parente?»

«Tu sei mezzo franco e mezzo romano. Gustav non è tuo padre. E Childeric è tuo fratello!»

Non ho il tempo di ribattere. Ormai mia madre ha preso l'avvio e non è più in grado di fermarsi.

«I miei genitori erano franchi *foederati* a cui era stata concessa una terra nella Gallia Belgica. Il mio primo marito si chiamava Karl. Me lo fecero sposare quando avevo solo tredici anni. Dopo un anno nacque il nostro primo figlio Childeric, poi il secondo, Ludwig. Karl era un legionario ausiliario, ma poi si accorse che era più redditizio razziare le fattorie della zona. Quando cominciò a portarsi appresso i suoi figli, Childeric aveva 14 anni e Ludwig 12. Un giorno attaccarono la fattoria sbagliata.»

Mia madre si interrompe per asciugarsi gli occhi. Io ne approfitto per farle almeno una domanda.

«Karl era mio padre?»

«No. Tuo padre si chiamava Lucio Sidonio. Era il proprietario di quella fattoria.»

«Non capisco. Spiegati meglio.»

«Sidonio era cittadino romano da molte generazioni, ma non era uno smidollato come Karl credeva. Quando Karl cercò di entrare nella sua casa, Sidonio lo affrontò e lo uccise. I suoi servi catturarono Ludwig e lo vendettero al mercato degli schiavi. Solo Childeric riuscì a scappare. L'ho rivisto solo oggi.»

«Childeric ti ha riconosciuta?»

«Non subito. E' molto cambiato. Alla fine ha deciso di rimandarmi indietro. Ha trattenuto solo Ingrid. Gli ho detto che è sua sorella e mi ha promesso che nessuno la toccherà.»

Ora che so chi sono, capisco perché, mio pa... Gustav mi ha trattato sempre in quel modo.

«Parlami del mio vero padre.»

«Sidonio è l'unico uomo che ho veramente amato. Mi prese a casa sua dopo la morte di Karl. Per lui ero molto di più che una schiava.»

«Allora perché sei fuggita dagli Juti?»

«Non sono fuggita. Furono gli Juti attaccare la nostra fattoria in una loro incursione oltre il Reno. Gustav uccise Sidonio e mi prese come serva. Non sapeva che ero incinta.»

Mi scoppia la testa. Tutto il mio mondo è crollato ma sono contento che quel pusillanime di Gustav non è mio padre. Anzi è l'assassino di mio padre!

«Madre, dopo quello che mi hai detto, capisci che non posso restare più con il clan di Gustav?»

«Lo so. Per questo ho voluto raccontarti tutto. Gli Juti non sono il tuo popolo. Io devo rimanere con i tuoi fratelli più piccoli ma tu devi prendere la tua strada.»

«Partirò immediatamente. Sidonio, mio padre, ti ha parlato di quello che c'è nella Gallia verso Sud?»

«Una volta mi ha parlato di *Lugdunum*, una grande città dove vivevano anche suoi lontani parenti.»

«Allora andrò a *Lugdunum*. Un posto vale l'altro.»

Abbraccio per l'ultima volta mia madre. Dietro di me gli Juti hanno cominciato a litigare su chi sarà il nuovo capo di quella piccola sporca marmaglia. Io mi allontano in fretta. Non voglio più avere niente a che fare con loro. Tantomeno con quei luridi mercenari, come Childeric, il mio fratellastro, che dicono di combattere per Roma. Roma non può essere questa.

7

Theodomir

Quella giornata era stata proficua per tanti ma a me erano toccate solo poche monete ed uno strano monile raffigurante Embla, la prima donna creata da due tronchi d'albero dall'infinita saggezza di Odino. Ero infuriato. Non mi era toccata nemmeno una ragazza o un giovane schiavo mentre i franchi di Childeric, invece, avevano avuto modo di spassarsela con gioia. Ancora mi pare di sentire le grida delle donne e le urla di piacere dei soldati nelle mie orecchie.

Eppure ero stato io a fare tutto il lavoro; ero stato io ad intercettare quella carovana di pezzenti e a uccidere il giovane capo. Avevo dormito per tre notti in una lurida e rozza coperta in mezzo al freddo mangiando solamente carne cruda per non avvertire nessuno della mia presenza e solo quando era ormai sicuro dell'arrivo dei suoi compagni mi ero permesso di accendere un fuoco per scaldarmi. Ancora una volta Valamir mi aveva offeso, riservandomi solo una minima parte del bottino.

Ormai avevo capito che rimanendo qui al forte con mio fratello non avrei avuto mai occasione di migliorare la mia posizione. Potevo solo sperare che richiamassero dei soldati dal *limes* per qualche azione di guerra, con possibilità di bottino.

Oggi forse la mia occasione è arrivata. Al forte è stata chiamata l'adunata generale.

Un comandante romano, un tale Litorio, ha preteso che tutti si presentino alla chiamata sul piazzale principale. E' una fredda mattina invernale e con molta difficoltà i soldati sono stati riuniti. L'unica compagine perfettamente allineata è quella dei batavi, che amano essere lodati in pubblico. I loro scudi rotondi ed i loro elmi brillano al sole ed è evidente che sono stati lucidati con attenzione. Il loro comandante tiene in mano lo spadone da battaglia, come se fosse in attesa dell'ordine di attacco. Dietro gli ordinati batavi, controvoglia si sono sistemate le numerose compagini germaniche che non amano essere guidate da romani, né tantomeno desiderano essere disturbate nelle loro normali abitudini.

Litorio scende dal palco principale e guarda in faccia uno ad uno i guerrieri barbari.

«Soldati di Roma! Grande è il vostro impegno su questo confine ma vi viene chiesto uno sforzo ancora maggiore. I Visigoti, federati che avevano giurato fedeltà a Roma, si sono ribellati. Non contenti di occupare l'Aquitania hanno osata attaccare la Gallia Narbonense, mettendo in stato di assedio la stessa Narbona. I narbonesi stanno resistendo eroicamente ma abbiamo bisogno di ogni legionario disponibile per rompere l'assedio, ricacciare i visigoti traditori in Aquitania e poi distruggerli.»

Un urlo di approvazione parte da ogni angolo del forte. Urlo anch'io. Non so dov'è esattamente Narbona e non me ne può importare di meno se i visigoti si ingrandiscono a spese di Roma. Ma partecipare a una campagna di guerra mi darebbe la possibilità di combattere e di saccheggiare senza alcuna remora. Oltre a sfuggire alla vita schifosa che si fa al forte.

Cerco con lo sguardo mio fratello e i suoi leccapiedi. Valamir è uno dei capi clan che avrebbero segnalato chi sarebbe andato a Narbona e chi sarebbe rimasto al forte. Lo sento parlare con Childeric e sghignazzare. Quando l'adunata si scioglie cerco di raggiungerlo ma lui va dal legato imperiale e con Childeric, si dirige al posto di guardia.

Più tardi cerco Valamir alla *taberna*. Non c'è. Non ci sono nemmeno Childeric e gli altri capoclan. Tra i legionari c'è una euforia che non riesco a condividere. Bevo solo un paio di birre. Non mi va nemmeno di giocare agli aliossi.

La mattina dopo, al centro del campo, vari carri trainati sostano nella piazzola principale mentre decine di guerrieri caricano viveri, armi e attrezzature. L'armeria è stata quasi completamente svuotata. Rutilio il gallo urla ordini ai suoi sguatteri, lanciando alte grida nel suo latino sgraziato e sgrammaticato. Valamir è con lui. Mi vede e si avvicina a me con il suo sorriso migliore. Lo saluto.

«Cosa accade?»

«Il cielo ha premiato la nostra attesa con una buona notizia.»

«Non ci può essere nessuna buona notizia in tutta questa fretta.»

«Ti sbagli. Il legato imperiale ha deciso che noi ci muoveremo in

anticipo in direzione di Narbona. Dobbiamo raggiungere il resto dell'esercito che affronterà i Visigoti e solo un piccolo distaccamento resterà a presidiare il forte. Io ho fatto il tuo nome per rappresentare qui, al mio posto, il nostro clan.»
Riesco a stento a trattenere la rabbia. Mio fratello prova piacere ad umiliarmi. Nel momento in cui occorreva scegliere i soldati per una guerra, Childeric aveva deciso di abbandonarmi qui, come un vecchio o un bambino. Preferisco non rispondere alla provocazione.
«Sta bene fratello. Ricorderò questa tua decisione.»
Grido vendetta nel mio cuore e immagino Fenrir con le fauci aperte mentre divora mio fratello.

8

Anicio

Dopo l'esecuzione di Ambiorige, la mia posizione all'interno della legione è completamente cambiata. Adesso la mia carica di *protector domesticus* non è più solo un titolo onorifico dato a un raccomandato di ferro. Sono diventato l'uomo di fiducia di Avito, che ora diffida anche degli ufficiali galli, amici di Ambiorige. Anche Ludovico è avanzato di grado. Ufficialmente è solo un centurione ma, per la stima che gli dimostra Avito, è, di fatto, più importante degli altri centurioni di cui è incaricato di controllare l'operato.

Come contropartita, sono forse l'uomo più odiato della legione. Tutti, galli e germani, temono e sfuggono il fottuto romano che ha causato la morte di tre legionari, per farsi bello di fronte al suo capo e magari per mettere lui stesso le mani su quei soldi. Notoriamente i romani sono tutti ladri!

Durante il viaggio fino alla valle del Rodano, non mi sono mai sentito così solo. Solo Ulfila viene di tanto in tanto a bere, con me e Ludovico, po' di grappa, L'unno è simpatico quando ha bevuto un po' ma non si trattiene mai molto con noi. Presto torna con i suoi compagni a cantare una delle tristi canzoni della loro terra.

Le sere in cui Avito m'invita a cena sono ancora peggiori. Il capo offre ai suoi ospiti la migliore acquavite di vino della Gallia ma devo condividere la mensa con gli altri ufficiali che mi odiano e colgono ogni occasione per mettermi in imbarazzo.

Infine siamo a *Lugdunum,* capitale della prefettura delle Gallie. Entrando in città alla testa della legione noto subito che c'è qualcosa che non va. Se ne accorge anche Avito.

«Come mai le strade sono deserte? Le autorità cittadine avrebbero dovuto darci il benvenuto!».

Proseguiamo fino al *forum* senza incontrare anima viva. In compenso incontriamo due morti accanto ai resti dei banchi del mercato saccheggiati. Poi vediamo arrivare alcune guardie, comandare dal prefetto in persona. Avito lo riconosce.

«Celtillo! Mi puoi spiegare che *mentula* sta succedendo?»

«Avito! Sono gli dei che ti mandano! Gli Unni sono arrivati fin qui!

Litorio mi aveva scritto che aveva isolato tutti i ribelli ma un loro gruppo deve essersi separato dagli altri e dall'Alvernia si è diretto verso sud. È piombato all'improvviso tra noi, proprio nelle ore del mercato...»
«E le tue guardie dov'erano? Le mura delle città erano sguarnite?»
Il prefetto comincia a balbettare.
«Era un giorno di mercato. Gli unni si sono mescolati alla gente che entrava in città. I soldati sono stati colti di sorpresa...»
«Ho un'altra sorpresa per te. Come nuovo prefetto del pretorio delle Gallie, prendo il comando di tutti i soldati del presidio. Prepara l'adunata di tutti i tuoi soldati nel foro.»

Come prima misura, Avito fa rastrellare tutti i soldati fannulloni, impiccando quelli che hanno tradito e premiando i pochi che hanno combattuto. Poi circonda con la sua legione gli unni che stanno gozzovigliando in una *domus* poco fuori città. Sono una cinquantina e tengano in ostaggio una famiglia di dieci persone, servi compresi. Gli unni soano spaventati, ma decisi a vendere cara la pelle...
Prima di lanciare l'attacco, Avito accetta con riluttanza la proposta di Ulfila di andare a parlamentare con i suoi compatrioti. Pretende però che io vada con lui.
Ulfila aveva conosciuto Bleda, il capetto del gruppo, in Pannonia. Bleda saluta cordialmente Ulfila in lingua unna, ma il mio amico lo convince a parlare latino, in modo che anch'io possa seguire la trattativa. Bleda ci racconta la sua versione dei fatti.
«Il *comes rei militaris* Litorio ci trattava come bestie. Nella guerra contro i Bagaudi ci mandava sempre in prima linea e negli ultimi tempi non ci pagava nemmeno. Quando è arrivata la notizia dell'attacco dei Visigoti, ci ha costretto a marce massacranti per raggiungere in fretta Narbona, Passando per l'Alvernia, alcuni dei nostri hanno chiesto un po' di vino in una *taberna*. Poi devono avere bevuto un po' troppo...»
Intervengo nel discorso.
«A Ravenna sono arrivate notizie di saccheggi, cittadini romani scannati, raccolti bruciati...»
«È stata tutta colpa di Litorio! Ha fatto impiccare i nostri compagni che avevano solo menato un po' le mani e allora c'è stata la rivolta.

Ma noi non abbiamo partecipato! Abbiamo proseguito verso sud e ieri siamo arrivati a Lugdunum...»

«E quei morti al mercato?»

«Non volevano farci credito! Ma Litorio non ci aveva dato quello che ci spettava e neanche il prefetto a cui ci siamo rivolti ha voluto darci la paga ...»

Mi apparto con Ulfila. Forse si può evitare un bagno di sangue, ma devo convincere Avito.

«*Magister militum*, gli unni sono pronti a liberare gli ostaggi e arrendersi. Chiedono solo di avere salva la vita e di essere reintegrati nei loro ranghi di ausiliari.»

«Non se ne parla nemmeno. Quegli unni hanno ucciso dei cittadini romani. E chi ci garantisce che manterranno la parola data? »

«Ulfila garantisce per loro. Ha garantito anche per me. Se noi non manterremo la parola data, prima o poi Ulfila mi ucciderà, amico o no!»

Avito riflette un attimo.

«Non posso mantenere impunita la morte di cittadini romani. Devo impiccare almeno due unni. Scelgano loro chi. Poi alcuni di loro mi accompagneranno con Ulfila in Alvernia, per convincere i ribelli ad arrendersi. Gli altri resteranno a Lugdunum con te. Se mi succede qualcosa, falli impiccare tutti! »

Bleda è una persona pratica. Non fa fatica a trovare, tra i suoi, due teste calde da sacrificare. Accetta anche di diventare un fedele legionario di Roma, purché gli garantiscano la giusta paga, arretrati compresi.

Nei giorni che rimango a Lugdunum, assaporo le emozione del potere. Sono la persona più potente della città: patrizio romano, delegato dal prefetto del pretorio delle Gallie, e con una scorta personale di guardie unne. Devo ammettere che mi piacciono gli omaggi che mi fanno pervenire i galli a ogni occasione e persino i complimenti nel loro strano latino, con tutte le parole con l'accento in fondo.

Anche Ludovico, come mio vice, gode i vantaggi della sua posizione. Durante una sontuosa cena nella più rinomata *taberna* di Lugdunum, il mio amico mi dice, ubriaco, quello che pensa veramente di me.

«Tu non hai bisogno di combattere, Anicio! Ottieni con la diplomazia più di quello che gli altri cercano con la spada. Sei un vero romano!»

Non sono sicuro che sia un complimento ma brindo con lui!

Ho camminato tanto prima di arrivare a un fiume, grande quasi come il Reno. Sono affamato.

Questo bosco di pioppi e lari potrebbe nascondere una nutrita colonia di cinghiali ma so di non poter ambire ad una tale preda, cacciando da solo, con un coltellaccio.

La giornata è gelida e una leggera brina ghiacciata resta adagiata sui rami e sulle foglie appesantendo le piante. E' il clima ideale per cacciare poiché si può con facilita individuare le tracce sulla neve e colpire di sorpresa gli animali.

Improvvisamente mi trovo di fronte una grassa lepre che cercava di divincolarsi e liberarsi da una trappola. Sorrido soddisfatto. Gli dei mi hanno ascoltato mostrandomi tutta la loro gratitudine per la mia devozione. Estraggo il coltello dalla cintola. La corda è grossolana e sfilacciata ma trattiene senza problemi un animale di quelle dimensioni. Quando la lepre vede la lama sbarra gli occhi e inizia a divincolarsi, ma senza alcun risultato. Prendo con calma la testa dell'animale e inizio a tagliare la fune.

Mi interrompo sentendo un fruscio nel bosco. Mi volto e vedo, semi nascosto nella boscaglia, un uomo di circa trent'anni, con una folta capigliatura bionda e una lunga barba disordinata. Indossa un pellicciotto nero e brandisce una lunga lancia. Io lascio la lepre e gli punto contro il coltello come se fosse una spada.

«Io non farei un altro passo, straniero.»

«Hai un buon udito, ladruncolo.»

«Ladruncolo? »

«Esattamente quello che ho detto. Lascia docilmente la preda e allontanati!»

L'uomo parla un latino approssimativo, peggiore di quello dei legionari del forte. Si avvicina a me e mi scruta da capo a piedi.

«Sei solo un ragazzo! Potrei trafiggerti e andare tranquillamente via con la mia lepre. .»

«La tua lepre? E chi dice che sia tua? .»

«Credi che quelle buone trappole le abbia messe Thor, figlio di un ladro?»

«Va bene, non c'è alcun problema, mi allontanerò lasciando a te la lepre. Questo non è un buon giorno per morire e non intendo di certo farlo per un motivo così stupido. Un buon cacciatore sa procurarsi il cibo da solo. .»

«Un buon cacciatore? Tu non sai nemmeno come si segue una traccia, bugiardo.»

«Puoi anche chiamarmi ladro, non mi interessa, ma non posso permetterti di affermare una simile sciocchezza. Henning non ha mai sbagliato un colpo. .»

«Henning? È questo il tuo nome?»

«Cosi usavano chiamarmi quel ubriacone di ...Gustav e gli Juti del mio clan.»

«Uno Juto che parla latino! Dov'è il tuo clan?»

«Non sono uno Juto. Mia madre è della stirpe dei franchi e ha vissuto a lungo con i romani. Mi ha insegnato la lingua dei franchi e un po' di latino.»

«Allora parliamo in lingua franca. Io sono Berengario, figlio di Lotario, della stirpe dei franchi.»

Berengario avanza lentamente. Poi, con movimenti esperti, slega l'animale e gli taglia la gola appendendolo con la testa all'ingiù, su un ramo sporgente, per far colare il sangue che chiazza di rosso la neve sottostante. Infine si siede e inizia a preparare l'occorrente per accendere in fuoco.

«Siediti Henning, e parla con me!».

«Parlerei con te meglio se avessi lo stomaco pieno.».

«La lepre che ho catturato è più che sufficiente a sfamare due guerrieri come noi. E' grassa e giovane.».

«Per quale motivo vuoi che io condivida il tuo pasto?».

«Mi sei simpatico e si vede che sei affamato. Un sacerdote di Ario mi diceva che bisogna dare da mangiare agli affamati».

«Chi è Ario?».

«Un romano che ha diffuso tra noi il messaggio di Cristo, l'inviato dell'unico Dio.».

«Nel mio clan adorano ancora gli antichi dei. Dicono che i cristiani parlano di perdono e pietà e fanno diventare deboli i soldati.».

«Sono forti i soldati del tuo clan?».

Scuoto la testa.

«Assolutamente no. Per passare il *limes,* il mio capo si è lasciato disarmare e depredare dai legionari del forte. Ho lasciato il clan una settima fa.».

Berengario ride.

«Vedi? Io sono cristiano ma non sono un debole. E tu saresti morto di fame se non mi avessi incontrato. Siediti!».

«Accetto volentieri, Quella lepre è una degna figlia dei boschi. «

«Stavi per distruggere una delle mie trappole migliori, ne ho piazzate molte qui intorno.».

«Io non amo costruire ma seguire e abbattere gli animali. Queste trappole non fanno per me.».

«Mio padre mi ha insegnato a costruire le trappole e più volte in passato questa conoscenza mi ha salvato la vita. Ora che il fuoco è acceso possiamo anche spellare l'animale.».

Con maestria Berengario pulisce e taglia la lepre. Cuoce la carne sul fuoco schioppettante riempendo l'aria di un odore invitante. Divoriamo il morbido cibo sporcando e ungendoci le mani e la bocca. Mi rivolgo ad Berengario con maggiore cordialità.

«Con la pancia piena si guarda il mondo con occhi diversi. ».

«Non so per quanto tempo avremo queste possibilità in futuro. Io abito in un villaggio qui vicino. Ieri è passato un romano per arruolare soldati. C'è un'altra guerra contro i visigoti.».

«Ti sei arruolato anche tu?».

«Ci vadano i pagani! Non mi piacciono le campagne di guerra. Ci sono solo pericoli e compiti devastanti. Dietro ogni angolo aleggia l'oscura ombra della morte.».

«Dicono che un buon guerriero deve procurarsi la morte in battaglia per accedere al Walhalla. »

«Non i cristiani come me. Io combatto solo per difendere la mia famiglia. Nel mio villaggio ci stiamo organizzando per difenderci dai visigoti e dagli unni. *Mala tempora currunt!*»

Guardo Berengario con altri occhi. Sembra un brav'uomo. Davanti al fuoco, finisco per raccontargli tutta la mia storia, fino alle rivelazioni di mia madre. Il franco ascolta attento, quasi divertito.

«Così ora sei senza famiglia e senza clan. Anche come cacciatore non hai un gran futuro. Che pensi di fare, se riesci ad arrivare a *Lugdunum?*».

«Ancora non so. Nel clan mi facevano fare di tutto. Potrei fare il falegname o anche il soldato. Forse i parenti del mio vero padre potrebbero dare una mano.».

«Ma quali parenti! Scommetto che non hai nemmeno una moneta.».

«Ti sbagli. Mia madre mi ha dato di nascosto questa.».

Berengario prende in mano la mia moneta di bronzo e ride.

«Un *nummus*! Con questa a *Lugdunum* non ci compri nemmeno il pane.».

«Allora farò qualche lavoretto lungo la strada. Ma non ti permettere più di prendermi in giro. Henning è giovane ma non uno stupido.».

«Non sei uno stupido ma non sei pronto ad affrontare la vita che si fa nelle terre di Roma. Perché non ti fermi qualche giorno a casa mia?».

«Mi stai offrendo un lavoro?».

«Perché no? Spaccherai la legna, spalerai la neve e aiuterai mia moglie a badare ai bambini. Ti suderai ogni *nummus* che ti darò ma intanto imparerai qualcosa. Ti farò anche parlare con il prete, così potrai migliorare il tuo latino.».

«Sei veramente generoso Berengario! Tutti i cristiani sono come te?».

Berengario sorride.

«Purtroppo no, Henning. Imparerai anche questo. Il prete ti parlerà della nostra religione ma sarai tu a decidere se un giorno vorrai farti battezzare.».

Spegniamo il fuoco e ci avviamo verso il villaggio di Berengario. Per la prima volta, da quando mi sono messo in viaggio con gli Juti, comincio a vedere un po' di luce nel mio futuro.

10

Theodomir

Adesso nel forte siamo rimasti in pochi. Con Childeric sono partiti tutti i Franchi. Valamir si portato appresso la maggior parte degli Ostrogoti. Con me sono rimasti solo una ventina di uomini del mio clan. A fare la guardia al *limes* siamo rimasti solo noi, pochi Alemanni e la maggior parte dei Batavi. L'armeria di Rutilio il gallo è quasi vuota.

Come tutti i giorni faccio un giro di ispezione nel bosco intorno al forte. I batavi sorvegliano attentamente il lato di fronte al Reno ma anche dall'altro lato possono arrivare insidie. Ora che il forte è quasi sguarnito anche una piccola banda di predoni può prenderci di sorpresa.

Tra le fronde vedo un uomo armato che si dirige verso il fiume. Non è uno dei nostri. Deve essere uno di quei trafficanti franchi che aiutano, a caro prezzo, i barbari a passare il Reno. Lo inseguo e lo raggiungo. Non mi è difficile prenderlo di sorpresa e mettergli il coltello alla gola.

«Dove credi di andare franco di merda?»

«Non sono un franco. Sono ostrogoto! Vengo in pace!».

L'intruso parlava nella lingua dei goti. Lo guardo fisso negli occhi. Noto qualcosa di familiare nel suo viso ma è lui a riconoscermi per primo.

«Ma tu sei Theodomir, figlio di Manfred! Io sono Waldemar, tuo cugino.».

«Essere un mio parente non ti esime dal pagare il pedaggio per fare passare i tuoi amici, chiunque essi siano.».

«Io sono solo un esploratore. Il mio capo è Ulderico il visigoto.»

«Forse possiamo sistemare le cose senza che ammazzarci tra goti. Portami da lui»

Ulderico è una persona ragionevole. E' stato mandato nei pressi del *limes* per raccogliere disertori disposti a unirsi all'esercito dei visigoti. La mia proposta va oltre le sue più rosee aspettative.

Nella *taberna*, la sera, noi goti siamo un gruppo compatto. Il mio clan ora mi riconosce come capo. Questa è una buona cosa. Tra un bicchiere e l'altro sussurro che Visigoti e Ostrogoti sono della stessa stirpe. Forse dovrebbero combattere insieme contro i Franchi e gli Unni invece di ammazzarsi tra loro. I miei uomini, delusi e annoiati annuiscono. Continuo a preparare il terreno per il mio piano.

«Valamir non doveva lasciarci soli in questo posto di merda. Il capo dei Batavi mi ha detto che un contingente di Visigoti sta per attaccare il forte. Siamo rimasti in pochi ma i Batavi sono pronti a morire per difendere Roma e il loro onore. Io gli ho detto che anche noi goti sono uomini d'onore che saremo pronti a combattere.».

Mi interrompo per saggiare l'espressione dei miei uomini. Come immaginavo ci sono sguardi preoccupati e mormorii di disapprovazione. Sono pronto a dare la stoccata finale.

«Noi ostrogoti siamo sempre pronti a combattere. Ma non c'è onore a combattere i nostri fratelli visigoti per un fottuto forte romano. Non sarebbe per noi molto più onorevole rivoltarci contro questi Batavi di merda che si divertono a umiliarci?»

Mi aspettavo un sì forte e compatto e così è stato. Il resto è stato facile.

Nella notte apriamo le porte all'esercito visigoto. La maggior parte dei Batavi sono massacrati nei loro letti. I pochi che erano di guardia sono presto sopraffatti e uccisi. Solo alcuni alemanni sono risparmiati, quando promettono di passare dalla nostra parte.

Rutilio il gallo lo serbo per me. Prima faccio svuotare quanto resta dell'armeria, poi lo faccio mettere in ginocchio.

«Abbi pietà Theodomir. Io sono stato sempre gentile con te. Non ti ho nemmeno fatto ripagare le armi che ti eri venduto.»

«Tu con me hai fatto sempre il *culionis*. Ti cacavi sotto solo davanti a mio fratello. Non hai le palle.»

Per essere più chiaro, non lo uccido. Lo castro.

Torno al campo di Ulderico alla testa di un piccolo esercito di ostrogoti e alemanni. Il visigoto mi guarda con rispetto.

«Theodomir, sei coraggioso come un lupo e astuto come una faina. Se tutti i nostri guerrieri fossero come te avremmo preso da un pezzo Narbona.».

«Spero di dimostrarlo anche a Narbona. Io e i miei uomini siamo pronti a partire.».

«Partiremo tutti domani stesso. Prima però ti chiedo un favore. Abbiamo tre prigionieri che dicono di essere ostrogoti: banditi che vogliono passare dalla nostra parte. Li possiamo portare con noi? Mi fido del tuo giudizio».

Chiedo di esaminare i prigionieri uno a uno, da solo. Entro in una tenda e ci trovo mio fratello Valamir, legato a una sedia.

«Theodomir! Non dovevi essere al forte?».

«Ho consegnato il forte ai visigoti. Adesso combatto con loro. E tu? Non dovevi stare in una legione di Litorio?».

«Ho commesso un errore. Con la legione siamo passati vicino a una fattoria che sembrava indifesa. Nella notte, con due del clan, sono tornato indietro e sono entrato in quella nella casa. Speravo in un bel bottino e invece mi sono trovato davanti i visigoti».

Sorrido.

«Tu naturalmente ti sei arreso subito. Gli hai detto che sei un goto come loro. Che vuoi unirti a loro...».

«Naturalmente. Ora c'è anche il mio fratellone che garantisce per me. Che mi riconsegna il mio clan...».

Tiro fuori la spada e gliela infilo nel petto. Mentre Valamir rantola gli dico.

«Questo per le monete che mi hai rubato, per i tuoi insulti, per le tue continue umiliazioni.».

Sfilo la spada e gli taglio la gola.

«E questo per la tua pretesa di fare il capo anche quando sei seduto davanti a me legato come un salame. Parla con gli dei, adesso!».

Esco dalla tenda e dico a Ulderico.

«Quell'uomo non è ostrogoto. E' un franco che ha vissuto a lungo con gli ostrogoti. Ha ucciso mio fratello. L'ho vendicato.».

«Ben fatto! E gli altri due?».

«Se li avete presi con lui, meritano la stessa fine.».

11

Anicio

Da *Augustonemetum*, capoluogo dell'Alvernia, giunge presto la notizia della fine della rivolta degli unni. La maggior parte di loro sì è unita alla legione di Avito, che torna vittorioso e con perdite minime. Torna anche il mio amico Ulfila. Ci scoliamo, con Ludovico, una bottiglia della migliore acquavite della Gallia.

Finiti i festeggiamenti, Avito dà l'ordine di metterci in viaggio verso Narbona. Prima di partire, Ludovico mi presenta una nuova giovane recluta.

«Ti ricordi quella famiglia che era stata sequestrata dagli Unni? I Sidoni? Questo ragazzo è un loro lontano parente. Era venuto a trovarli dal Nord e cercava lavoro. Gli Sidoni lo hanno mandato da noi.».

Guardo l'aspirante legionario. Non sembra avere più di 18 anni ma è alto e robusto. Ha i capelli castani, gli occhi azzurri e appena un cenno di barba.

«Come ti chiami ragazzo?».

«Sidonio Ennino, *protector*! Mio padre era cittadino romano, di origine italica. E' stato ucciso in una incursione di Juti quando ero bambino. Ora anche mia madre è morta e la nostra fattoria è andata in malora. Per questo ho mollato tutto e sono venuto qui.».

Sidonio Ennino racconta la storia come se l'avesse imparata a memoria, in un cattivo latino. Qualcosa non mi convince. Ludovico si sente in dovere di dare chiarimenti.

«Ho parlato con Sidonio in lingua franca. Sua madre era di un villaggio vicino al mio. Il ragazzo parla il franco meglio del latino ma è robusto e sa usare bene la spada. Mi ricorda come ero io alla sua età.».

Forse non è solo simpatia quello che Ludovico prova per quel bel ragazzo, ma questo non mi riguarda. Ho un debito di riconoscenza nei confronti di Ludovico e Sidonio è più romano della maggior parte dei legionari che ho conosciuto.

«Benvenuto nelle legioni di Roma, Sidonio. Hai molto da imparare ma troverai in Ludovico un ottimo maestro.».

Scendendo lungo il Rodano arriviamo fino a *Arelatae*. Per festeggiare il nostro arrivo, le autorità organizzano un grande spettacolo di gladiatori nell'arena, nonostante le proteste del vescovo. Ci sono persino un paio di leoni appena arrivati con una nave africana al vicino porto di Massalia: uno spettacolo pari a quelli che si facevano all'Anfiteatro Flavio, prima che io nascessi. Sembra di essere tornati ai tempi di Traiano, anche se i Visigoti sono a due passi.

Ad *Arelatae* c'è anche un *postribulum* ben tenuto. Mi apparto con Sofonisba, una numida fuggita dall'Africa dopo l'invasione dei Vandali. Ha labbra carnose e la pelle scura. Dopo il *coitus* mi immergo con lei in una vasca piena di acqua calda. Si dimostra molto esperta nell'*ars amatoria*, ma non come Galla Placidia.

Riprendiamo il cammino verso ovest, facendo una breve sosta a *Nemasus* Lì facciamo rifornimento di viveri, acqua e vino. Mi concedo anche un bagno alle terme ma, nei discorsi dei ricchi galli che le frequentano, è evidente la paura della guerra, ormai vicinissima.

Vedo sempre meno spesso Ludovico. Negli ultimi tempi passa molto tempo con Sidonio. Tutti i gusti sono gusti. Basta che sia discreto.

Ci accampiamo poco prima di Narbona dove ci riuniamo con l'esercito di Litorio. Litorio, ha ufficialmente il grado di *comes rei militaris*. L'incontro tra i lui e Avito è cortese ma freddo.

Ad Avito Litorio non piace. Una volta davanti a una coppa di vino, mi ha detto che Litorio era buono solo a combattere briganti disperati come i Bagaudi. Ora, per affrontare i visigoti, ha raccolto sul *limes* la feccia degli ausiliari: franchi, burgundi, alemanni e perfino goti, di dubbia fedeltà. Oltre agli unni che erano sfuggiti al suo controllo.

Litorio guarda Avito con diffidenza. Il *comes rei militaris* teme che Avito gli rubi la gloria per la liberazione di Narbona. Ribadisce che solo lui ha ricevuto da Ezio, per conto dell'imperatore Valentiniano, l'incarico di combattere i Visigoti. Ma Litorio è una persona pratica. Sa che può avere bisogno anche degli uomini di Avito per liberare la città dall'assedio e fa buon viso a cattivo gioco.

Quando Avito gli presenta i suoi ufficiali, io gli piaccio meno di tutti: un giovanissimo patrizio romano che gioca a fare la guerra! E per di più amico degli unni! Mi dà un Ave frettoloso e mi congeda immediatamente.

Prima che le legioni di Avito e Litorio attacchino i visigoti di Teo-dorico, Ulfila mi suggerisce un espediente per alleviare le pene dei Narbonesi, ormai alla fame, e nello stesso tempo fare dimenticare quello che hanno combinato i suoi conterranei in Alvernia.

Con il permesso di Avito, guido io stesso un contingente di Unni che aggira l'assedio dei visigoti ed entra nella città di Narbona, Con gran sorpresa dei galli, gli unni non portano morte e distruzione ma pane! Portiamo non solo grano e farina ma anche latte per i bambini, car-ne, frutta... tutto quello che abbiamo trovato al mercato di Nemasus. Regaliamo alcuni otri di vino anche al vescovo, lo stesso che pochi giorni prima aveva criticato i romani che arruolavano nelle loro le-gioni gli unni pagani per combattere i visigoti, eretici ariani, ma pur sempre cristiani.

Una volta ho chiesto Ulfila a quali dei credeva. Non ho capito la sua risposta. Sicuramente non a Cristo, e nemmeno a Giove o a Thor. Forse gli unni non credono veramente in nessuna religione ma Ulfila è sicuramente un brav'uomo.

12

Sidonio

Il soggiorno a casa di Berengario mi aveva chiarito le idee. Avevo capito che potevo solo entrare in una legione, ma volevo farlo come cittadino romano, non come barbaro ausiliario.

Prima di tutto dovevo rinunciare al mio nome nordico. Se mio padre si chiamava Sidonio, sarò Sidonio anch'io. Per distinguermi da lui potevo aggiungere un *cognomen*. Ho scelto Ennino, il mio vecchio nome latinizzato.

Appena arrivato a Lugdunum, per scrupolo, ho chiesto se c'erano altri Sidoni in città. Mi hanno indicato una famiglia e sono andato a trovarli. Il *pater familias* è stato piuttosto freddo con me, forse per il mio latino stentato. Non sapeva di avere parenti nella Gallia Belgica e mi ha fatto notare che anche un liberto prende il nome del suo ex padrone. Per togliermi di mezzo, mi ha indirizzato alla prefettura, dove si erano presentati altre aspiranti reclute. Ludovico mi ha fatto un breve esame e mi ha accettato nel suo *manipulus*.

Ludovico è la latinizzazione di Ludwig. Mia madre mi aveva raccontato che anche un mio fratellastro, venduto come schiavo, si chiamava Ludwig...

No, non è possibile! Ludwig è un nome comune e Ludovico è una persona importante, amico del *protector* Anicio a cui mi ha presentato. Però si è sempre comportato con me come un fratello maggiore. Almeno fino a che siamo rimasti a Lugdunum...

Da Lugdunum ci siamo trasferiti ad Arelatae. Al mio *manipulus* è stata concessa, mezza giornata libera. I miei compagni sono andati in una *taberna* ad ubriacarsi. Io non ho legato molto con loro. Sono grande e grosso, ho subito saputo mettere a posto chi ha provato a sfottermi, ma il mio atteggiamento scontroso mi ha isolato.

Mi dirigo verso il centro della città. Sono quasi arrivato all'arena quando mi trovo davanti Ludovico.

«Ave Sidonio!».

«Ave Ludovico! Il *protector* Anicio non è con te? Vi avevo visto uscire insieme.».

«Anicio si è fermato in un *postribulum*. Si era offerto di pagare anche

per me ma io non amo l'amore mercenario. Ti va di bere qualcosa?».
Io ora non disdegnerei un *coitus*. Quando ero tra gli Juti l'avevo fatto solo con Clotilde, una *meretrix* che ogni tanto me la dava gratis: forse perché le piacevo, forse perché ero un figlio del capo. Ma, in mancanza di Clotilde, e di denari per il *postribulum*, vada per un bicchiere di vino.

La taberna in cui beviamo è probabilmente la migliore di *Arelatae*. Il vino mi pare ottimo ma non abbastanza per Ludovico.

«Dovresti assaggiare il Falerno! Forse un giorno anche i Galli faranno dei vini buoni, ma hanno molto da imparare».

Bevo più di quanto sono abituato. Uscendo dalla taberna Ludovico mi fa una strana domanda.

«Scusa Sidonio... ma da quanto tempo non ti lavi?».

«Mi lavo quasi ogni mese... perché?».

«Sei mai stato alle terme?».

«Che cosa sono le terme?».

Ludovico me lo spiega. Ci sono terme pubbliche e terme private. Tutti i ricconi dell'impero avevano locali termali nelle loro ville. Ora molte terme hanno smesso di funzionare ma le terme della villa che è stata messa a disposizione di Ludovico sono ancora efficienti. Sono invitato a provarle.

Resisto poco nel *calidarium* ma nel *tepidarium* sono perfettamente a mio agio. E' bello rilassarsi nudo nell'acqua tiepida. Mi viene in mente l'ultima volta che sono stato con Clotilde. La mia *mentula* comincia a irrigidirsi. Una mano la accarezza. Non è la mia.

Guardo Ludovico, nudo come me, che sorride. Forse sta solo scherzando ma la mia *mentula* non la pensa così. Un attimo dopo la testa di Ludovico è sott'acqua. Sento le sue labbra e la sua lingua lavorare come neanche Clotilde era capace di fare.

Improvvisamente Ludovico si alza. Mi prende per la mano e usciamo insieme dall'acqua. Poi si mette a carponi e mi sussurra: "*Futue me!*".
Futuere un uomo! Essere *futuetus* è disonorevole ma a Ludovico evidentemente piace. Perché deluderlo? Lo *futuo* con forza, più volte, fino a farlo gemere per il piacere. Lo sento dire:" *Tu desiderium meum, tu voluptas mea...*"

Il giorno dopo dormiamo a *Nemasus*. Nella casa che hanno assegnato a Ludovico non ci sono terme ma una grande vasca da bagno che è stata riempita d'acqua calda...

Dopo il *coitus*, Ludovico mi racconta che la sua prima volta era stata quando aveva solo quattordici anni, con il padre di Anicio. Uno schiavo deve obbedire al suo padrone. Era successo solo un paio di volte. Poi era arrivata una schiava nuova e il padrone era tornato a far l'amore con le donne. Però non aveva abbandonato Ludovico, che era diventato il migliore amico di suo figlio.

Il suo racconto mi commuove. Ludovico non è bello ma è intelligente e sensibile. Ed è bravissimo nella *fellatio*.

«Sei mai stato con donne?».

«Con alcune schiave. Poi mi sono reso conto che preferivo gli uomini. Ma non ho mai avuto un bel ragazzo come te.».

Ludovico si fa *futuere* anche nella sua tenda, quando ci accampiamo nei pressi di Narbona. Io continuo a compiacerlo. Essere il favorito del comandante mi dà anche tanti piccoli vantaggi. Non sento vergogna. Dopotutto il *cinaedus* è lui, non io!

Teodorico, re dei Visigoti, controlla tutta l'Aquitania e ha posto la sua corte a Tolosa. Nel nostro viaggio verso Narbona, ci fermiamo nella capitale visigota e Ulderico mi presenta al suo re che mi scruta con interesse.

«Non sapevo che ci fossero tanti ostrogoti in Gallia. Sapevo che il vostro popolo si era stanziato in Mesia e in Pannonia.».

Rispondo sinceramente.

«Era così fino a poco tempo fa. Ma poi sono arrivati gli Unni che ci hanno dispersi. Alcuni si sono uniti agli Unni. Altri come me sono fuggiti. Fino a poco tempo fa ero ausiliario in un forte romano sul Reno.».

Teodorico annuisce.

«Ulderico me lo ha raccontato. Che cosa ti ha convinto a unirti a noi?».

«Visigoti e Ostrogoti sono popoli fratelli. Veniamo dalla mitica Gothland e parliamo la stessa lingua.».

«Gothland è un'isola del gelido Nord. Visigoti e Ostrogoti si sono separati da molte generazioni. Mi hanno riferito che ci sono ostrogoti anche nell'esercito di Litorio.».

Ora il discorso diventa delicato. Peso con cura le mie parole. La mia versione dei fatti contiene alcune verità e una grossa menzogna.

«Nel mio forte c'erano soprattutto franchi e batavi. Nessuno degli ostrogoti voleva partire, ma i franchi erano ansiosi di andare a combattere i visigoti. Uno dei franchi ha ucciso mio fratello che si era ribellato: quello che gli uomini di Ulderico hanno catturato e che io ho ucciso.».

La mia storia è verosimile. Teodorico annuisce.

«Alla fine, quanti ostrogoti hanno seguito Litorio?».

«Una cinquantina, ma solo perché costretti. Tutti avrebbero preferito restare nel forte con me. Sono convinto che sarebbero pronti a disertare se sapessero che io combatto con voi.».

Teodorico mi guarda dubbioso. Intuisce che gli nascondo qualcosa ma sa che potrei essergli ancora utile.

«Theodomir, ci hai reso un gran servigio. Tu e io tuoi uomini siete i benvenuti a Tolosa. Vi rifocillerete e poi combatterete con noi fino per la conquista di Narbona.».

Saluto il re e torno da Ulderico. Siamo diventati amici. Passiamo la notte in una *taberna* che al piano di sopra ospita uno dei tanti *lupanares*. Tutto a spese di Teodorico!

Prima di coricarci giochiamo agli aliossi. Lancio i mie ossicini e ho la conferma che gli dei mi sono favorevoli. Quando gli aliossi terminano di vorticare, tutte le facce riportano un numero diverso: colpo di Venere!

Ora so che, comunque andrà la guerra per i Visigoti, io ne uscirò vincitore.

Il giorno dopo, un messaggero ci porta una terribile notizia. Litorio ha attaccato di sorpresa il grosso dell'esercito visigoto, accampato a *Mons Colubrarius*. I guerrieri visigoti battono in ritirata. Ormai non si parla più di prendere Narbona. Litorio sta avanzando a marce forzate verso Tolosa. Vuole distruggere lo stesso regno visigoto!

Teodorico non si perde d'animo. Fa rafforzare le difese. Tutti i visigoti che assediavano Narbona si ritirano a Tolosa. Con i miei goti raggiungo il quartier generale di Teodorico. Non riesco a parlare con il re, ma spiego a Ulderico il mio piano per indebolire l'esercito di Litorio.

A Ulderico la mia idea piace.

«Per Thor! Potrebbe funzionare! Sei astuto come Loki!».

«Vorrei che ti sentisse mio fratello, che ora sta nel Walhalla o tra le fauci di Fenrir. Ma evitiamo di menzionare in pubblico i nomi degli antichi dei. Troppi visigoti sono diventati cristiani.».

La notizia della vittoria di Litorio a *Mons Colubrarius* è celebrata con grida di gioia in tutto il nostro campo, tranne nella tenda di Avito. Il *magister militum per Gallias* è furioso contro Litorio: non perché ha vinto da solo ma perché teme che possa fare altre imprudenze.

Si confida con me e Ludovico.

«*Mons Colubrarius* è stata una grande vittoria ma Litorio non doveva inseguire il nemico verso Tolosa. Doveva aspettare il nostro esercito, avanzare con noi e poi trattare con Teodorico.»

Oso fare una domanda.

«Allora non credi che lui possa veramente conquistare Tolosa.»

«No. Ma anche se ci riuscisse, i Visigoti si ritirerebbero solo più a nord unendosi ai Franchi. E intanto gli unni saccheggerebbero una città romana e cristiana.»

«Dobbiamo metterci in marcia per cercare di raggiungere Litorio?»

«Non possiamo. Non ho l'autorità per fermarlo e il suo esercito è più grande del mio. Posso solo provare a usare la diplomazia. Manderò le mie congratulazioni a Litorio e una offerta di pace a Teodorico.»

Intanto ci trasferiamo tutti a Narbona. La città, finalmente libera dall'assedio, ci accoglie come liberatori. Ad Avito e gli altri ufficiali, compresi me e Ludovico, sono assegnate alcune ville, abbandonate dai proprietari poco prima dell'assedio. Per legionari è allestito un *castrum,* destinato ad accogliere una guarnigione permanente per la difesa di Narbona. Avito è convinto che i Visigoti prima o poi ritorneranno.

Anche Ulfila con i suoi unni si trasferisce nel *castrum.* Un giorno mi viene a trovare con una bottiglia di acquavite. Si è deciso a farmi un discorso molto delicato.

«Tu sai che non mi piace fare la spia ma sono preoccupato per Ludovico. Lo sai che i legionari di nascosto lo chiamano Ludovica?»

Questa non me lo aspettavo.

«Sono al corrente dei gusti di Ludovico. Ma finora è sempre stato discreto.»

«All'inizio stava attento ma ora ha perso la testa per Sidonio, quella recluta che lui stesso ha scelto. La sera se lo porta a casa e di giorno trova ogni scusa per venirlo a trovare al campo.»
«Hai fatto bene ad avvisarmi. Troverò una soluzione.»
Mando a chiamare Ludovico. Ammette tutto.
«Non volevo creati problemi ma non posso farci niente. Mi sono innamorato!»
«Non esagerare! Ricordo che hai avuto altri uomini a Roma. Quello schiavo trace, quel fabbro dell'Esquilino... Grandi passioni finite in pochi giorni. Da ragazzo ci hai provato perfino con me!»
«Stavolta è diverso. Io amo Sidonio. Quando l'ho visto per la prima volta a Lugdunum ho capito che dovevo averlo. Sidonio non aveva avuto altri uomini prima di me ma io ho saputo sedurlo, poco a poco. Ora anche lui mi ama.»
«Scusa Ludovico, ma tu non sei cristiano? I preti mettono sempre in guardia contro la lussuria.»
«Lo so. Una volta mi sono andato a confessare. Il prete mi ha detto che il mio era un grave peccato ma mi ha assolto. Come penitenza mi chiesto di fargli una *fellatio*!»
Riesco a stento a trattenere una risata.
«In ogni caso il tuo amore deve rimanere segreto, almeno al *castrum*. Il ragazzo può venire ad abitare a casa tua. Te lo faccio assegnare come attendente.»
Il volto di Ludovico si illumina.
«Grazie Anicio! Non avevo il coraggio di chiedertelo. Dato che ci siamo, perché non lo fai trasferire in fureria? Mi sentirei più tranquillo se sta tra le scartoffie. Così non rischierà di andare veramente in battaglia. Morirei se me lo ammazzano!»
«Si può fare ma... Sidonio sa leggere?»
«No, ma ho già cominciato a insegnargli a leggere e scrivere. Il ragazzo è intelligente e impara in fretta.»
Ludovico si congeda soddisfatto. Sono sollevato anch'io. Almeno ho soffocato uno scandalo.

Litorio risponde sgarbatamente ai messaggi di Alvito. E' convinto che l'esercito visigoto sia allo sbando, che presto sarà a Tolosa.
Più conciliante è il messaggio di Teodorico. Si dice disposto ad ac-

cettare l'autorità di Roma se Litorio ferma la sua offensiva. Ma forse vuole solo guadagnare tempo. Ci arrivano voci che i Visigoti si stanno riorganizzando. Invece nelle legioni di Litorio ci sono state delle diserzioni...

60

Ordino a mio cugino Waldemar di infiltrarsi nell'esercito di Litorio per mettersi in contatto con gli ostrogoti che stavano nel forte con me. Gli faccio tre nomi: Lothar, Eric e Roltoch. Erano i più influenti tra gli ostrogoti, dopo mio fratello. Ma ora Valamir è morto ed io ho il suo anello. L'ho preso tagliandogli un dito dopo averlo ucciso. Consegno a Waldemar l'anello ricordandogli che Valamir mi aveva già nominato capo del clan in sua assenza. Mando un messaggio a tutti i goti perché si uniscano a noi. Non è giusto che stiano con i loro fratelli visigoti invece che con degli sporchi unni?
Waldemar ritorna il giorno dopo, con delle buone notizie.
Nell'esercito di Littorio ci sono già contrasti tra goti e unni. Anche alemanni e burgundi borbottano contro Litorio per come tratta i suoi soldati. Solo i franchi sono pronti alla battaglia: ma solo perché il loro re vorrebbe prendere le terre dei Visigoti e poi regnare su tutta la Gallia.
Gli ostrogoti mi accetterebbero come capo clan e sarebbero disposti a unirsi a noi. Per disertare hanno posto però una condizione: devo andare io stesso al loro campo e guidarli al campo visigoto.
Sono dubbioso ma so che, rifiutando, perderei tutti i meriti che ho guadagnato con i Visigoti.
«Sei sicuro che non mi vogliano tendere una trappola?»
«Non credo. Lo ha proposto Eric. I goti vogliono solo essere sicuri che proprio Theodomir, fratello di Valamir, combatte con noi.»
Maledetto Valamir! Ora starà tra le fauci di Fenrir o nell'inferno cristiano. Per me fa lo stesso. Presto sarò io il capo di tutto il clan e gli ostrogoti smetteranno di considerarmi solo suo fratello!

Nella notte, Waldemar mi guida alla collina dove è accampato l'esercito di Litorio. Ulderico scaglia una freccia che prende alla gola la guardia unna. Andiamo avanti verso la tenda dove ci aspettano gli ostrogoti. Siamo quasi arrivati quando una freccia colpisce al petto Waldemar. Un gigante si lancia su di me e mi atterra. E' Childeric. Mi avvicina al viso una lampada.
«Theodomir! Brutto fottitore di capre! Così sei tu quello che ha in-

vitato a disertare i goti. Dov'è Valamir?»

Improvviso una risposta.

«E' stato ucciso mentre cercava di depredare una fattoria.»

«Valamir lo aveva proposto anche a me e io gli avevo detto che non c'era onore a depredare contadini indifesi. Come mai hai il suo anello?»

«Me lo aveva affidato quando ha lasciato il forte.»

Childeric mi molla un pugno sul naso.

«Menti! Quando ha lasciato il campo, Valamir l'anello ce l'aveva! E non l'avrebbe mai dato a te. Tuo fratello diceva che eri un debole. Ora so che sei anche un traditore!»

Una freccia colpisce alla schiena Childeric. Un gruppo di ostrogoti, con Lothar, Eric e Roltoch, irrompe. Staccano Childeric da me e uccidono i due franchi che erano con lui. Eric mi aiuta a rialzarmi.

«Theodomir! Che cosa ti diceva Childeric?»

«Qualcuno dei vostri deve avere parlato con i franchi. Mi aspettavano al varco. Allora venite con me?»

«Verremo tutti! Alcuni di noi erano dubbiosi ma ormai siamo compromessi e non potremmo più tornare indietro.»

Childeric è ancora a terra agonizzante. Gli mollo un calcio. Mi rivolgo di nuovo a Eric.

«Grazie di avermi salvato la vita.»

«E' stato un piacere. Non ho mai potuto sopportare quel franco borioso!»

Mentre andiamo al campo visigoto, Eric mi prede da parte e mi parla a bassa voce.

«Sai, ho sentito qualcosa che diceva Childeric. Non ho capito bene la storia dell'anello, ma sono con te, capo!»

Eric è più furbo di quello che credevo. Sono contento di averlo dalla mia parte.

«Grazie Eric. Ti segnalerò al mio amico Ulderico. Ti troverai bene con noi!»

Sidonio

Da molto tempo vado a letto con Ludovico e ho smesso di mentire a me stesso. Sono un *cinaedus* sia quando lo *futuo,* sia quando mi faccio *futuere.* La prima volta che Ludovico è entrato dentro di me mi ha fatto un po' male ma la seconda volta già è andata meglio. Ludovico è così buono e affettuoso! Mi ospita nella sua casa e mi fatto assegnare alla fureria, il posto più comodo della legione. E mi pagano pure qualcosa in più!

Ludovico mi sta pure insegnando a leggere e scrivere per farmi smistare più facilmente le scartoffie della legione. Un po' sapevo già leggere. Mia madre mi aveva insegnato qualcosa che aveva imparato nella casa del mio vero padre. Tra gli Juti ogni tipo di cultura era disprezzata, ma io andavo di nascosto da un sacerdote cristiano, che aveva un libro sacro che chiamava Vangelo.

Sidonio è anche geloso di me. Ci sono altri *cinaedi* tra i legionari. Uno di essi, in fureria, ha provato a farmi la corte e Ludovico lo ha fatto immediatamente trasferire. Io l'ho rassicurato dicendo che lui è l'unico uomo della mia vita. Non gli ho detto però di Lucilla, la schiava che viene ogni tanto viene a pulire la casa. Non è una gran bellezza ma me la sono *futueta.* Volevo dimostrare a me stesso che sono ancora un uomo, entrando in un *cunnus* e leccando un bel paio di *mammas.*

Il rapporto tra me ed Ludovico è cambiato quando, in fureria, è arrivata la notizia delle diserzioni nel campo di Litorio. Tutti i goti erano passati al nemico. Due guerrieri franchi che cercavano di fermarli erano stati uccisi. Era stato gravemente ferito anche il capo dei franchi, un gigante dai capelli rossi di nome Childeric. Lo avevano portato da noi, nell'infermeria.

Ho il cuore in tumulto mentre corro in infermeria. Dalla porta vedo Ludovico accanto al gigante dai capelli rossi. Un medico mi ferma.

«Chi sei? Qui è permesso l'accesso solo alle persone autorizzate.»

«Mi chiamo Sidonio. Sono l'attendente del centurione Ludovico. Non mi aspettavo di trovarlo in infermeria.»

«Si è precipitato qui quando ha saputo che era stato ricoverato un franco dai capelli rossi di nome Childeric. Dice che forse è suo fratello.»

Childeric fratello di Ludovico! Ma allora... Resisto alla tentazione di entrare con la forza e chiedo chiarimenti al medico.

«Come sta il franco?»

«Gli ho estratto una freccia dalla spalla sinistra. Non ha ancora ripreso conoscenza.»

Più tardi, a casa, Ludovico mi conferma che aveva avuto un fratello di nome Childeric. L'ultima volta che lo aveva visto aveva solo 12 anni. Non era sicuro di averlo riconosciuto ma ricordava che aveva i capelli rossi. Aveva cercato di parlargli ma il franco delirava.

Cerco una conferma ai miei dubbi.

«Per caso tua madre si chiamava Bertha?»

«Sì! Come lo sai?»

Gli racconto tutta la mia storia. Nascondo solo il fatto che il mio vero padre ha ucciso il suo. Ludovico è esterrefatto.

«Ormai sono troppe le coincidenze. Dobbiamo parlare con Childeric appena si sarà ristabilito. Il medico dice che ha un fisico robusto. Probabilmente ce la farà.»

«Scusa, ma non hai capito che, se Childeric è tuo fratello, sono tuo fratello anch'io?»

«Sì. È bellissimo! Adesso mi spiego l'attrazione che ho provato per te fin dal primo giorno.»

«Ma, se è così, il nostro rapporto non è una specie di incesto?»

«Ma che dici? Incesto è solo tra fratello e sorella: non possono unirsi per non avere figli. Noi non possiamo avere figli, ma potremmo adottarne un giorno.»

Non sono convinto. Questa notte non ho voglia di *futuere*. Ludovico fa l'offeso ma mi lascia in pace.

Il giorno dopo Ludovico ed io riusciamo a convincere il medico a farci entrare nell'infermeria, come fratelli del franco. Childeric ha ripreso conoscenza. Ricorda appena di avere avuto un fratello di nome Ludwig ma riconosce subito me.

«Tu sei il ragazzo juto che mia madre ha pregato di risparmiare.»

«Non sono uno juto ma sono cresciuto tra gli Juti con mia sorella

Ingrid, nostra sorella. Che hai fatto di lei?»

«Se non la prendevo con me l'avrebbe presa un altro franco o un goto. Ma non l'ho toccata. Anche se è bellissima.»

«Dov'è adesso?»

«Quando abbiamo lasciato il forte tutti i guerrieri hanno venduto le loro schiave. Io non potevo abbandonare mia sorella. Le ho fatto tagliare i capelli, l'ho fatta vestire da uomo e l'ho portata con me fino a Narbona. E' rimasta al campo di Litorio.»

Esco dall'infermeria sconvolto. Mi rivolgo a Ludovico, con il mio sguardo più seducente.

«Aiutami a trovare Ingrid, ti prego! Era la mia sorella preferita. Giocavamo insieme da bambini.»

«Farò quello che posso. Ma se la troviamo che pensi di fare?»

«Non so. Non sappiamo ancora se Childeric si rimetterà. Potrei accompagnarla dai parenti di mia madre nella Gallia Belgica. Oppure prendere casa con lei e poi cercarle un marito.»

«Vuoi lasciarmi?»

«Ma che dici? Siamo fratelli. E Ingrid è nostra sorella!»

Per essere più convincente accompagno le mie parole con un bacio. La sera lo *futuo* con passione.

La diserzione degli Ostrogoti era stata seguita anche da piccoli gruppi di Burgundi e Alemanni. Erano solo una piccola percentuale dell'esercito di Litorio ma il loro abbandono aveva avuto un effetto deleterio sul morale di tutti gli altri. I franchi erano rimasti ma lamentavano la perdita di tre guerrieri, compreso Childeric, il loro capo. Rimanevano solo gli Unni, ansiosi di prendere e saccheggiare Tolosa. Credo che siano stati loro a convincere Litorio ad attaccare, senza aspettare i rinforzi.

Ieri un messaggero ha portato la ferale notizia. Litorio era morto in battaglia. Il suo esercito era allo sbando. Avito come *magister militum per Gallias,* prende il controllo di quello che resta del suo esercito. Fa una amara considerazione.

«Come condottiero non valeva un *nummus* ma almeno è morto da prode.»

Alvito organizza una spedizione verso Tolosa. Non intende attaccare i goti ma solo raccogliere i dispersi dell'esercito di Litorio e dimostrare ai nemici che Roma è ancora forte. Mi ordina di seguirlo, insieme al mio amico Ulfila. Ludovico rimane a Narbona. Non gli chiedo di venire con me. Da quando ha litigato con Sidonio è diventato intrattabile.

Durante il tragitto incontriamo alcuni sbandati, tutti unni. Ulfila ci aiuta a parlare con loro e a farli rientrare nei ranghi. Troviamo altri unni nel campo che era stato di Litorio. I Visigoti lo avevano messo a ferro e a fuoco ma alcuni soldati si erano barricati in alcune strutture del *castrum* rimaste in piedi. Un unno ci indica quali erano i locali dei franchi. E' pieno di cadaveri: probabilmente i franchi non si erano immolati per Roma ma solo per difendere il loro onore. Ordino di dare ai legionari ausiliari cristiana sepoltura, anche se non so se erano cristiani o pagani.

I mie soldati rovistano anche tra le rovine del *castrum* per cercare monete o oggetti di valore. Non faccio nulla per fermarli. Solo *pro forma* ordino che consegnino tutto alla tesoreria di Narbona, ma so che non lo faranno, e anche loro.

Sto per lasciare i locali dei franchi quando un legionario mi chiama. Ha trovato un soldato ancora vivo. Nascosto dietro un tavolo rovesciato c'era un ragazzo che dimostra al massimo quattordici anni: biondo con gli occhi azzurri e lineamenti delicati. Provo a interrogarlo.
«Come ti chiami? Come sei finito qui?»
Il ragazzo non risponde. Forse non sa il latino.
Ripeto la domanda nella lingua dei franchi. Il ragazzo cambia espressione ma continua a rimanere muto. Tiene una mano al petto come se fosse ferito. Chiamo un medico che lo costringe la levarsi la camicia. Vedo spuntare due piccole *mammas ...*
Ordino ai soldati di portare la ragazza nel mio carro. Mi riprometto di interrogarla più tardi con l'aiuto di Ludovico, che conosce il franco molto meglio di me.
Al termine della giornata, abbiamo raccolto e reintegrato alcune centinaia di sbandati. I visigoti non ci hanno attaccato. Avito è convinto che anche loro hanno avuto pesanti perdite. Pensa ancora di potere fare con loro una pace onorevole.

Tornato a casa mi occupo della ragazza. Ordino alla mia schiava di lavarla e di darle degli abiti femminili. Quando me la riporta mi manca il fiato: ha un viso bellissimo. Il suo corpo è ancora acerbo ma invitante. Ora sembra rassicurata ma continua nel suo mutismo. Alla schiava ha detto solo il suo nome: Ingrid.
Chiama Ludovico che parla con lei in lingua franca. Con lui Ingrid finalmente parla. Capisco poco quello che lei dice ma Ludovico traduce dal franco in latino. Ingrid era la sorella di un guerriero franco caduto combattendo per Roma. Adesso lei è sola, senza parenti e amici.
Ho l'impressione che Ludovico non mi abbia tradotto tutto. Quella splendida ragazza sembra che lo metta a disagio. Sono dubbioso anch'io.
«Che possiamo fare di lei?»
«Il capo sei tu. Potresti anche venderla al mercato. Una schiava giovane e bella vale un bel po' di sesterzi.»
«Che dici Ludovico? Tu stesso sei stato schiavo. E sei anche cristiano!»

«Allora potresti mandarla a servire presso una famiglia cristiana di Narbona. Oppure mandarla in un monastero. Ce n'è uno di suore anche vicino a Narbona.»

«Una donna nata libera non si rassegna facilmente a fare da serva. E non so se accetterebbero in un monastero una che non è nemmeno cristiana.»

«Sei tu che devi decidere. Ma se la lasci libera, senza nessuno che la protegga, farebbe una brutta fine.»

Una schiava riporta Ingrid nella sua stanza. Congedo Ludovico dicendo che ci avrei riflettuto.

In realtà Ludovico non aveva indicato la soluzione più a portata di mano: tenere Ingrid con me. Nel mio letto ripenso ai suoi capelli d'oro, ai suoi splendidi occhi azzurri, ai suoi seni, piccoli ma ben torniti...Sì, la terrei con gioia ma non voglio prenderla contro la sua volontà.

Assorto nei miei pensieri, non mi accorgo nemmeno che la porta della mia stanza si apre. Mi trovo davanti a me Ingrid avvolta solo in lenzuolo. Il lenzuolo cade a terra e lei rimane nuda.

«*Futue me!*»

Sono esterrefatto.

«Ingrid! Allora conosci il latino!»

«Me l'ha insegnato di nascosto mia madre, raccomandandomi di non farlo sapere a mio padre. Ma io non voglio essere venduta al mercato come ti suggeriva quel tuo orribile amico franco. Non voglio andare in un monastero, qualunque cosa sia. E se devo servire qualcuno preferisco servire te. Tu sei un capo, sei buono... e sei anche bello!»

Accarezzo la sua splendida pelle chiara, dai seni a quel piccolo triangolo biondo. La attiro nel mio letto.

«*Veni ad me!*»

Ingrid mi strige la *mentula* sussurrando: «*Cave! Virgo sum!*»

Brindo alla vittoria con Ulderico.

«Quel *cunnus* di Litorio ha fatto la fine che meriava!»

«E' stato anche merito tuo. Se non avesse avuto paura di altre diserzioni, Litorio avrebbe aspettato i rinforzi prima di attaccare.»

«Con i miei goti ho combattuto valorosamente e abbiamo vinto. Non credi che meriti una ricompensa? Tolosa è una bella città. Mi piacerebbe fermarmi qui.»

«Sarà re Teodorico a decidere! Ti farò avere un udienza con lui.»

Teodorico si degna di ricevermi solo qualche giorno dopo. E' cortese ma freddo.

«Theodomir! Ci hai reso un gran servigio. Come ricompensa riceverai un borsa di monete d'oro e un cavallo. Ti auguro un felice viaggio di ritorno alla tua terra.»

«Ringrazio la munificenza di vostra maestà ma pensavo di restare al vostro servizio. Potremmo ritentare di conquistare Narbona! Magari anche *Nemasus, Massalia...*»

«Il nostro esercito ha avuto gravi perdite. Avito mi ha fatto una offerta di pace e io ho accettato una tregua. In ogni caso non ti voglio più tra noi. Tu non solo hai tradito Litorio. Hai tradito e ucciso anche tuo fratello! Chi ha tradito una volta tradirà ancora!»

Più tardi mi sfogo con Ulderico.

«Ti credevo un amico. Sei stato tu a tradirmi?»

«No. Anzi io ho interceduto per te. Ti ho fatto avere una ricompensa. Ma non ho potuto negare quando Teodorico mi ha chiesto chiarimenti su quell'anello. Il re aveva già sospetti su di te. Sei stato imprudente a tagliare un dito a tuo fratello.»

Scopro che quasi nessuno degli ostrogoti vuole seguirmi. Lothar mi accusa apertamente di fratricidio.

«Valamir ha avuto sempre una pessima opinione di te. Dovevo capire che non ti avrebbe mai dato il suo anello, da vivo!»

Solo Eric mi difende.

«Hai fatto quello che dovevi fare. Valamir era un ladro e un farabutto. Sono pronto a seguirti, con i miei fratelli. Ma dove andiamo?»

Ho riflettuto a lungo e ho preso una decisione.
«Torneremo nella nostra terra oltre il Reno. Ci uniremo agli altri ostrogoti. Sarebbe ora gli ostrogoti non facciano solo da mercenari ma abbiano un loro re, come i Visigoti e i Franchi.»
«Magari quel re potresti essere tu!»
«Magari!»

Sidonio

Ludovico non mi ha fatto sapere niente di Ingrid. Mi ha detto che nei resti del Castrum di Litorio non è stata trovata. Non è stato trovato nessun corpo di donna, ma spesso i cadaveri sono seppelliti frettolosamente. Nessuna traccia di lei nemmeno a Narbona, nemmeno al mercato degli schiavi. Ludovico cerca di consolarmi.

«Rassegnati Sidonio. Mi dispiace tanto! Era anche mia sorella! Ma lei è morta e noi siamo vivi e ci amiamo.»

Non sono tanto sicuro di amare Ludovico, non più almeno. E' diventato ossessivo. Controlla ogni mio movimento. Invece ora guardo con altri occhi Childeric. Lo vado a trovare ogni giorno in infermeria.

Quel gigante di mio fratello si sta riprendendo in fretta. Non è quel mostro che mi era sembrato la prima volta che l'ho visto. Dopo tutto lui ha protetto per quasi un anno nostra sorella senza toccarla. Ora gli piace scherzare con me.

«Non sei lo *stultulus* che mi eri sembrato quando eri tra gli Juti. Hai preso gli occhi e l'intelligenza di nostra madre. Conosci tre lingue e sai pure leggere e scrivere. Se fossi cresciuto con me saresti stato anche un grande guerriero.».

Un giorno, in fureria, sento due legionari spettegolare. ».

«Hai visto la nuova concubina del *protector* Anicio? E' un incanto!».

«Sì. Solo un riccone come lui si può permettere una schiava così. Dicono che le donne con la pelle chiara e i capelli biondi sembrano di ghiaccio ma a letto si scatenano!»

Con la prima scusa che trovo corro a casa di Anicio. Mi apre proprio Ingrid. Mi riconosce subito.

«Henning!».

«Adesso mi faccio chiamare Sidonio, come il mio vero padre. Ma tu come sei finita qui?».

Ingrid mi racconta tutta la sua storia e io le racconta la mia. Quasi tutto almeno.

Più tardi arriva Anicio, che sembra pazzo di lei.

«Io amo Ingrid e lei ama me. Non è la mia schiava. Posso chiederti la mano di tua sorella?»

Ingrid mi fa un cenno eloquente e io non posso fare altro che dire di sì, di essere felice per loro.

Prima di congedarmi, Anicio mi prende in disparte.

«Non essere troppo severo con Ludovico. Lui ti ama! Aveva paura di perderti!».

«Mi ha già perso!».

Prima di tornare in fureria ripasso in infermeria. Childeric sta per essere dimesso. Elaboriamo insieme un piano. Dobbiamo approfittare dell'assenza di Ludovico, che è andato a *Nemasus* per fare acquisti.

A casa scrivo la mia prima *epistula*.

"Da Sidonio a Ludovico *Ave atque Vale!*

Tu hai fatto tanto per me. Mi hai arruolato nel tuo manipolo, mi hai ospitato, mi hai insegnato a leggere e scrivere, mi hai amato. Ti ho amato anch'io: sei buono, affettuoso e hai anche una bella *mentula*. Mi dispiace che la mia prima *epistula* sia un addio.

Ingrid mi ha raccontato tutto. Posso capire perché me l'hai tenuta nascosta ma non posso perdonare quello che volevi fare a nostra sorella. Tanto più che ti avrei lasciato in ogni caso. Non voglio essere tutta la vita un *cinaedus,* e per di più un mantenuto. Voglio sposarmi e avere figli.

Parto, con nostro fratello Childeric, per il regno dei Franchi dove spero di rifarmi una vita. Non cercare di seguirci. Un giorno forse potremo ritrovarci, da bravi fratelli. *Cura ut valeas!*"

Lascio l'*epistula* sul letto di Ludovico e abbandono per sempre quella che è stata, per un po' di tempo, la mia casa. Davanti all'infermeria, mi aspetta Childeric con due cavalli. Ci fermiamo all'imbrunire, in un bosco, dopo esserci allontanati il più possibile da Narbona.

Troviamo un posto riparato e ci prepariamo un lettuccio. Si stendiamo sotto una coperta, uno accanto all'altro. Childeric si stringe a me.

«Meno male che c'è il mio bel fratellino a scaldarmi!».

Il calore del corpo di mio fratello è piacevole ma sento anche la sua *mentula* rigida.

«Childeric! Ti avevo detto che io voglio solo donne!».

«Anch'io. Ma si può fare una eccezione ogni tanto.».

«Ma io sono tuo fratello!».

«E allora? Tra uomini non si può mica parlare di incesto!».

Sono caduto dalla padella alla brace!

Anicio

Al suo ritorno da Nemasus, Ludovico non si presenta a rapporto. Scopriamo che si tagliato le vene nella vasca da bagno a casa sua. Per terra troviamo l'*epistula* di Ludovico. Piango la morte di quello che è stato il mio migliore amico, che ha voluto uccidersi come un patrizio romano dei tempi passati. Ingrid, sua sorella, rimane impassibile. Non prendo nessun provvedimento per fermare la fuga di Sidonio e Childeric. Avito è d'accordo con me. Dobbiamo evitare uno scandalo.

Il giorno dopo, Ingrid chiede di farsi battezzare. Il vescovo di Narbona normalmente chiede un lungo periodo di catecumenato ma, per la promessa sposa del *protector domesticus,* si fa una eccezione. Ingrid fa lezioni di catechismo solo per una settimana ma impara subito a memoria domande e risposte. Dubito che lei abbia capito l'essenza della dottrina cristiana ma credo che non la conosca veramente la stragrande maggioranza dei cristiani, vecchi e nuovi. Io le faccio da padrino.

Ormai non ci sono più ostacoli per il nostro matrimonio in chiesa. E' una cerimonia breve ma è celebrata direttamente dal vescovo di Narbona. Avito mi fa l'onore di accompagnare la sposa all'altare. I testimoni sono due centurioni cristiani. Peccato che i fratelli di Ingrid siano irreperibili!

Avito mi aveva consigliato di far celebrare in fretta il matrimonio perché si aspettava da un momento all'altro notizie da Ravenna. Il messaggero arriva presto. Ad Alvito è ordinato di rimandare la maggior parte del suo esercito in Italia. Resterà a Narbona solo il *magister militum per Gallias* con una legione. Per me c'è un messaggio personale dell'imperatore che mi richiama a Ravenna. Ingrid ed io faremo il viaggio di nozze in Italia!

Ingrid è entusiasta dalle città italiane, specialmente da *Mediolanum,* che è stata per breve tempo capitale dell'impero. Facciamo sosta a Cremona, dove conosciamo la moglie e il figlio di Ulfila. Il mio amico unno ha avuto la sua terra ed è deciso a lasciare per sempre i campi di battaglia.

Infine arriviamo a Ravenna. Al palazzo imperiale mi informano che mi è stata assegnata una *domus* nei pressi della bellissima basilica di San Vitale. Ho lasciato a Ingrid l'incarico di sistemare la casa secondo i suoi gusti e sono tornato di corsa al Palazzo. Il *magister militum* Ezio aveva chiesto di vedermi, prima ancora che mi ricevesse l'imperatore.

L'atteggiamento di Ezio è formale ma cordiale. E' molto più gentile di quando l'ho incontrato la prima volta, due anni fa.

«Nei suoi messaggi, Avito ha sempre avuto elogi per te. Te la cavi discretamente con la spada ma, soprattutto, sembra che tu abbia il dono della diplomazia. Te la sei cavata bene con unni e galli a Lugdunum. Sei riuscito perfino a portare viveri a Narbona quando era sotto assedio.».

«Sono lusingato dagli apprezzamenti del *magister militum per Gallias*, ma il merito è soprattutto di Ulfila, il mio amico unno.».

«Appunto! Diventare amico di un unno non è facile. Io l'ho imparato trattando con Attila, re degli unni. L'ho convinto a mandare i suoi uomini in Gallia contro i visigoti ma ho paura che, prima o poi, ci attaccherà lui stesso.».

«*Magister militum*, l'imperatore vi ha sempre apprezzato per la vostra abilità di mettere i barbari l'uno contro l'altro.».

«Ti stai dimostrando un buon diplomatico anche adesso. Ti voglio tra i miei ufficiali. Puoi anche chiamarmi semplicemente Ezio. Sei abbastanza intelligente da capire che è solo per questione di praticità. La mia amicizia te la dovrai guadagnare.».

«Sono ai tuoi ordini... Ezio. Quali saranno i miei compiti?».

«Il tuo inquadramento lo definiremo dopo, quando ti convocherò con gli altri ufficiali. Intanto ti anticipo che dovrai seguirmi nei miei viaggi in tutto l'impero. La prossima campagna sarà contro i Vandali. Hanno occupato Cartagine e ora minacciano perfino la Sicilia. L'imperatore d'oriente ci ha promesso il suo aiuto.».

Ezio a questo punto fa una pausa. Forse voleva darmi qualche altro dettaglio ma decide di rimandare tutto al mio primo giorno di lavoro. Mi dà invece un avvertimento.

«Puoi raccontare tutto a Valentiniano, se vuoi. Io non ho segreti per il mio imperatore!».

Valentiniano mi riceve il giorno dopo. Dopo i soliti convenevoli, mi chiede alcuni dettagli sugli ultimi avvenimenti in Gallia. Gli anticipo una notizia.

«Avito mi ha detto che intende ritirarsi nei suoi possedimenti nella Gallia Narbonense. Rimarrà in carica fino a quando arriverà il prossimo *Magister militum per Gallias*. Mi anche detto che sarà sempre a disposizione dell'imperatore, se avrà bisogno di lui.».

Vale annuisce.

«Avito è sempre stato una persona corretta. Ma ora parlami di te!».

Racconto brevemente le mie vicende personali. Sono costretto però a raccontargli una grossa bugia, quella che Avito mi ha suggerito.

«Ludovico è caduto in battaglia! Prima di morire, mi ha raccomandato sua sorella Ingrid. Io l'ho sposata. Te la farò conoscere. E' bella e intelligente.»

«Mi dispiace per Ludovico ma sono contento che tu abbia trovato una moglie che ti soddisfa. La faremo conoscere anche a mia moglie Licinia e a mia sorella Onoria.».

A questo punto racconto all'imperatore la proposta che mi ha fatto Ezio. Valentiniano approva.

«E' un'ottima occasione per te. Potrai essere utile anche a me. Naturalmente, davanti a te, Ezio non dirà niente di compromettente ma tu sei abbastanza intelligente da capire se Ezio trama qualcosa. Per ora l'impero ha bisogno di lui.».

Lascio il Palazzo soddisfatto ma non senza timori. Con i romani avrò bisogno di molta più diplomazia che con i barbari. Dovrò anche viaggiare molto. Potrò portare Ingrid con me?

Se lei rimane a Ravenna, come potranno andare d'accordo mia moglie Ingrid, una barbara, e Licinia Eudossia, moglie dell'imperatore d'occidente e figlia dell'imperatore d'oriente? Onoria, la sorella dispettosa dell'imperatore, potrà mai essere sua amica?

Ogni cosa a suo tempo. Ora Ingrid mi aspetta a casa. Forse è già a letto...

PARTE SECONDA

L'impero resiste ancora
(451-454 D.C.)

1

Theodomir

Non sono diventato re degli ostrogoti ma sono almeno il capo di tutti gli ostrogoti che combattono per Attila. Siamo in tanti. Con gli unni distruggeremo quello che resta dell'impero romano.

Quando sono tornato al mio villaggio, dodici anni fa, gli Unni dominavano la nostra terra. Quelli che avevano provato a ribellarsi erano stati sconfitti, torturati e uccisi. Allora ho pensato: se non puoi vincerli unisciti a loro!

Mi sono presentato ad Attila come capo di un piccolo gruppo di ostrogoti: la famiglia di Eric e altri sbandati che abbiamo incontrato per strada. Il re non ha battuto ciglio quando gli ho confessato che, a Tolosa, avevo combattuto contro gli unni a fianco dei Visigoti.

«Non c'è problema. Eri un mercenario come i miei unni. Ma da ora in poi gli Unni combatteranno solo per se stessi. Chi combatterà al nostro fianco sarà premiato. Ma guai a chi cercherà di tradirci! Per lui non ci sarà pietà!»

Ho capito l'antifona. Mi sono ripromesso di non tradire mai Attila ma non ho avuto scrupoli con gli ostrogoti che hanno osato mettersi contro il re degli unni, e quindi contro di me.

C'è ancora chi mi chiama traditore della mia gente. Dicano quello che vogliono. Ho raccolto fuggiaschi e sbandati e dialogato con gli ultimi ribelli. Molti sono passati dalla mia parte, gli altri hanno fatto la fine che meritavano. Un giorno gli ostrogoti avranno il loro regno, ma non ora.

Attila sta per attaccare l'impero romano. Uno dei primo obiettivi sarà la città di Colonia Agrippina. Nei pressi di Colonia ci sono parecchi forti sul *limes*. Prima dell'invasione dovremo impadronirci di almeno uno di questi forti: quello situato sulla strada per Treviri. E' un forte molto simile a quello in cui ho militato tanti anni fa e i miei esploratori mi hanno riferito che la guarnigione è poco numerosa. Fino a poco tempo fa c'erano solo Ubi, cittadini romani da parecchie generazioni. Ora ci sono soprattutto Burgundi: *foederati* che controllano ampie terre a sud ovest del Reno.

Dai rapporti che ho ricevuto, i Burgundi del forte si comportano come un tempo noi goti. Hanno poca voglia di combattere per Roma ma si divertono a taccheggiare le famiglie che provano a passare il fiume, per dirigersi verso terre più ricche e ospitali.

Sulla base di queste informazioni ho elaborato un piano che Attila ha approvato. La nostra spedizione sarà composta quasi esclusivamente di ostrogoti. Ci saranno solo pochi unni, che poi prenderanno il controllo del forte.

Torno al mio villaggio al termine del mio ultimo incontro con Attila. Prima di ripartire per la prossima missione, potrò godermi per qualche giorno la mia famiglia. Elsa, la mia nuova compagna, è di nuovo incinta. Mi ha dato due figlie femmine ma il prossimo sarà un maschio, deve essere un maschio. Le bimbe mi corrono incontro e io le prendo a turno tra le braccia. E' bello essere a casa. Più tardi arrivano i miei figli più grandi. Adolf ha 15 anni e Herman 14. Sono tornato in tempo per vederli crescere e ora mi adorano.

«Padre, quando potrò venire a combattere con te?»

«Molto presto Adolf. Verrai anche tu Herman. Imparerete che un guerriero spesso può ottenere più con l'astuzia che con la forza.».

Arrivati nei pressi del forte, non facciamo fatica a trovare un gruppo di alemanni che cerca di passare il fiume. Li fermiamo e li costringiamo a collaborare con noi. Come ricompensa potranno tutti andare dove vogliono, quando avremo preso il forte. Prendiamo con noi la maggior parte delle donne, i bambini e i carri. Alcuni ostrogoti, me compreso, si truccano per sembrare più vecchi. Ci dividiamo in due gruppi. Il più piccolo, con le donne e i bambini, passerà il fiume facendo il possibile per farsi notare dai burgundi del forte. Il più numeroso, con gli unni, resterà nascosto. Passeranno il fiume, poco lontano, quando vedranno i burgundi venire verso di noi.

Cerco di comportarmi come allora il vecchio capo degli Juti. Solo che tutti i miei ostrogoti portano armi nascoste sotto i mantelli. Anche Adolf e Herman, accanto a me sono armati. Li avvertiti che non devono assolutamente mascherare la loro naturale paura, anzi! Basta che siano pronti a tirare fuori le spade al mio segnale.

Appena vedo apparire il drappello dei burgundi mi getto a terra implorando pietà. Il capo dei Burgundi mi guarda con disprezzo.

«Alzati, e smetti di tremare!»

«Potenti guerrieri, io...»

«Povero stupido. Ora rialzati e ascolta bene le nostre parole.»

«Si... si! Non picchiatemi!»

«Avete commesso un grave crimine e Roma non è felice di questo. Non passerete senza pagare per il vostro errore.»

«Cosa... cosa volete? »

«Innanzitutto devi dire agli uomini delle famiglie che ti seguono di gettare in terra le spade.»

«Le nostre armi? Gli uomini liberi impugnano le armi...»

«Sta zitto! Voi non siete più uomini liberi; siete solo fuggiaschi che devono implorare perdono a Roma. Ora non mi ripeterò.»

«Domando perdono! Io... io non vi interromperò più!»

«Devono gettare le armi in terra, tutti! Poi potremo parlare».

Faccio un segno. I miei guerrieri gettano a terra le loro armi in mostra. Le altre restano celate sotto i mantelli. Mi rivolgo ancora supplice al burgundo.

«Noi cerchiamo la pace... non vogliamo problemi.»

«E non ne avrete se ascolterete con attenzione le mie parole. Devi far gettare tutta la merce in terra compresa quella dei carri.»

«Tutte le nostre poche cose?»

«Tutto. I carri poi verranno bruciati.»

«Senza carri...»

«Non ho finito. I miei uomini a quel punto prenderanno tutte le monete e i vostri monili più preziosi. Inoltre le giovani donne e alcuni ragazzi resteranno con noi, nel villaggio vicino al forte.»

«Ma...»

«Passeranno solo le famiglie complete e i vecchi. Puoi scegliere: questo o la morte!»

«Non posso chiedere questa cosa ai miei familiari... al mio clan!»

«Allora hai scelto la morte.»

«Sì. La morte tua!»
Tiro fuori la spada da sotto il mantello e la infilzo nella pancia del burgundo. Anche Adolf, Herman e tutti i miei uomini tirano fuori le loro armi e si scagliano contro i burgundi. Sui nostri nemici piovono frecce dall'altro drappello di ostrogoti e unni, che ha già passato il fiume.
I burgundi, presi di sorpresa, cadono uno dopo l'altro. Restano vivi solo pochi di loro che si arrendono e chiedono pietà. Li risparmio, per ora. Ci saranno utili.
Poco dopo i burgundi superstiti, con le lame puntate nella schiena sono in testa al nostro drappello diretto al forte. Le sentinelle burgunde, riconoscendo i loro commilitoni, ci fanno passare. Una volta che siamo dentro, i difensori del forte sono massacrati. Quelli che combattono con maggior valore sono gli Ubi, i più romani tra i germani.
Purtroppo non posso festeggiare la vittoria. Mio figlio Adolf si decide troppo tardi a mostrarmi una ferita alla spalla. Ha cercato di nasconderla fino all'ultimo. Muore poco dopo tra le mie braccia.
Cerco di consolare Herman.
«Tua fratello è morto da prode. Ora lo accoglieranno nel Walhalla!»
«Zia Gretel ci parlava del Paradiso.»
«Fa lo stesso!»

2
Anicio

Torno a Ravenna dalla ultima la mia missione in Spagna. Con le armi e la diplomazia Ezio era riuscito a riconquistare buona parte della penisola iberica ma poi gli Svevi della Galizia hanno rioccupato parte della *Hispania Betica*.

I Vandali si sono trasferiti in Africa. Ancora una volta Cartagine torna ad essere un pericolo per Roma. I greci di Costantinopoli avevano promesso di appoggiarci contro i Vandali ma poi sono stati attaccati dagli unni di Attila. I greci lo hanno respinto ma ora gli unni minacciano la Gallia...

Scaccio le mie preoccupazioni sul destino dell'impero romano per concentrarmi sui miei problemi personali. Lascio per troppo tempo sola mia moglie.

Ingrid mi accoglie con un bacio. Abbraccio anche mia figlia Anicilla, di undici anni, e mio figlio Lucio, di dieci anni. E' bello essere a casa.

«Che mi hai portato dalla Spagna?»

E' la domanda che Ingrid mi fa quando torno da ogni viaggio, anche se oggi i gioielli più preziosi si trovano proprio a Ravenna e lei ne ha già una bella collezione. Ho portato a Ingrid una *armilla*, con un serpente d'oro, che sembra fatta apposta per il suo splendido polso. Alla piccola Anicilla ho portato una *bulla aurea*: al posto dell'amuleto pagano c'è appesa una medaglia con l'immagine della Vergine. Per Lucio ho un regalo speciale: una palla di cuoio della Britannia arrivata chissà come in Galizia: me l'ha regalata un principe svevo.

Gioco a palla con Lucio e Anicilla e poi passo una focosa notte d'amore con Ingrid. Voglio godermi ogni attimo prima della prossima missione. L'imperatore mi ha convocato per il giorno dopo.

Valentiniano è visibilmente nervoso quando mi riceve. Ascolta distrattamente il mio rapporto sulla situazione delle città romane in Spagna. Una sua domanda mi lascia perplesso.

«Ingrid ti ha detto niente di Onoria?»

«No! Ha litigato con Ingrid?»

«No. Ingrid è diventata una vera matrona romana. Mi fa piacere che lei e Onoria siano diventate amiche. Mia sorella è sempre stata una ribelle. Ha rifiutato anche il matrimonio che le avevo proposto con il senatore Flavio Basso Ercolano.»

Posso capire la riluttanza di Onoria. Flavio è veramente basso. Non è bello e nemmeno tanto ricco. E i senatori a Roma ormai non contano più niente.

«Come mai avevi scelto proprio Basso? E' un brav'uomo ma per la sorella dell'imperatore potevi trovare un partito migliore.»

«L'avevo scelto appunto perché è un brav'uomo. Uno che non avrebbe mai cercato di portarmi via il trono: come l'ultimo suo amante, quell'Eugenio!»

«Eugenio era solo l'amministratore dei beni di tua sorella. Non credo che potesse avere grandi ambizioni. E' ancora in prigione?»

«No. L'ho fatto giustiziare. Onoria deve avere mandato quella *epistula* ad Attila solo per vendicarsi.»

«Come, come?»

«Non ti hanno detto ancora niente, Anicio? Onoria ha consegnato di nascosto una *epistula* per Attila all'ambasciatore unno. Onoria gli ha mandato anche un suo anello! Ieri Attila ha risposto che accetta la proposta di matrimonio. Come dote vuole la Gallia!»

Il giorno dopo a casa mia, con Ingrid, c'è anche Onoria. Non si rende ancora conto delle conseguenze del suo gesto.

«Non ho mai avuto intenzione di sposare quell'unno. Volevo solo fare uno scherzo a Valentiniano. Hai visto che faccia ha Attila? Fa paura perfino un suo ritratto.»

«Ma gli avevi fatto o no una proposta di matrimonio?»

«Non proprio. Gli avevo scritto che mio fratello mi voleva fare sposare una nullità e speravo che un grande re come lui potesse fargli cambiare opinione.»

«E l'anello?»

«L'ho aggiunto all'ultimo momento. Per dargli la prova che ero stata proprio io a scrivere.»

Onoria è ancora la ragazzina viziata che avevo conosciuto a Baia! Ingrid cerca di farla ragionare.

«Ti rendi conto che adesso devi sposare veramente Attila?»

«No! Valentiniano non lo permetterà!»

Onoria si mette a piangere tra le braccia di Ingrid. La lascio un po'
sfogare prima di intervenire.

«Meriteresti veramente un marito unno ma qui c'è in gioco il destino dell'impero romano. Ora devi riscrivere ad Attila. Non so quanto
servirà ma dobbiamo provarci.»

Onoria, Ingrid ed io scriviamo una bella lettera, piena di complimenti al grande re degli unni, scusandoci per l'equivoco. Riluttante
Onoria aggiunge un altro suo bellissimo anello.

Valentiniano approva. Aggiunge alcune righe di suo pugno, augu-
randosi che questo increscioso incidente non pregiudichi le buone
relazioni tra regno degli unni e impero romano.

Più tardi mostro a Ezio la lettere di Onoria e di Valentiniano.

«Onoria probabilmente voleva emulare sua madre. Galla Placidia
non smetteva mai di parlare del suo marito barbaro.»

«Onoria non ha né la bellezza né l'intelligenza di sua madre.»

Mi domando se anche Ezio ha conosciuto intimamente Galla Placidia. Ma la *nobilissima* è morta da un anno e ora riposa nel suo Mau-
soleo.

«Allora le mando avanti queste lettere?»

«Le consegneremo oggi a un messaggero, ma solo *pro forma*. Attila
attaccherà presto la Gallia.»

«Ma non ci avrebbe attaccato in ogni caso?»

«Sì, ma Onoria gli dato un pretesto che aumenterà le sue pretese.
Ora Attila, se vince, chiederà anche Onoria. E con lei l'intero impero
romano.»

«Un unno imperatore? Assurdo!»

«Infatti. Uno come Attila non può governare un impero come quello
romano. Però può distruggerlo, se noi non glielo impediamo.»

Ezio mi mostra una carta della Gallia.

«Ormai noi governiamo direttamente solo la Gallia meridionale. Il
resto della Gallia è governato da *foederati*: Visigoti, Burgundi, Alani
e Franchi, tutti nemici tra di loro. Noi dobbiamo convincerli ad allearsi con noi contro gli unni.»

«Non sarà facile! Da chi incominciamo?»

«Dai Franchi. Una loro delegazione è venuta a trattare con noi a
Ravenna.»

Qui Ezio si interrompe come se avesse dimenticato qualcosa.
«A proposito... uno dei franchi dice di essere tuo cognato!»

3
Sidonio

Sono molto imbarazzato quando mi trovo davanti ad Anicio, dodici anni dopo la mia fuga da Narbona. Naturalmente sapevo che questo momento sarebbe arrivato. Proprio per la mia parentela con Anicio, Childeric aveva insistito che fossi io ad accompagnare a Ravenna re Meroveo, figlio di re Clodiano, a cui un fratello cerca di portare via il trono. Avevo cercato di defilarmi.

«Non potresti accompagnarlo tu stesso? Anche tu sei cognato di Anicio.»

«Sì, ma tu conosci già Anicio e io no. Io devo rimanere nel regno dei Franchi con le ultime truppe fedeli a Meroveo.»

Anicio con me è cortese ma freddo.

«Non mi aspettavo di rivederti. Qual è esattamente la tua posizione tra i Franchi?»

«Sono Maestro di Palazzo del re Meroveo. Mio fratello Childeric è capo del suo esercito.»

Gli presento Meroveo. Il re non ha nemmeno diciott'anni. Fisicamente si presenta abbastanza bene. Ha un bel sorriso, parla discretamente il latino ma da lui non traspare l'autorità che un re dovrebbe avere. Anicio si rivolge direttamente a Meroveo.

«Sono lieto che il nuovo re dei Franchi abbia voluto venire di persona a rendere omaggio all'imperatore. Avremo bisogno di tutti i nostri alleati se gli unni ci attaccheranno.»

Meroveo risponde come gli avevo consigliato.

«I franchi sono sempre stati fedeli a Roma ma ora ci sono traditori che vorrebbero un'alleanza con gli unni. Hanno convinto un mio fratellastro a reclamare il trono.»

Anicio fa una smorfia.

«Allora siete venuti a implorare l'aiuto di Roma.»

Meroveo fa un gesto di stizza. Io cerco di correggere il tiro.

«I Franchi sono un popolo libero e non implorano nessuno. E' interesse di Roma aiutare un re amico. Una legione romana ci aiuterebbe a sgominare i ribelli. Poi potremo affrontare insieme gli unni.»

Ho toccato un tasto giusto. Anicio ci fisserà una udienza con Ezio. E' il *magister militum* che decide sulle operazioni militari e le alleanze.

L'imperatore conta ogni giorno di meno.

Prima di congedarmi Anicio mi prende in disparte.

«Passa a casa mia più tardi! A Ingrid farà molto piacere rivederti»

Non faccio fatica a trovare la *Domus Anicia* di Ravenna. Ingrid è un po' ingrassata ma è ancora bella. Riesco a parlare con mia sorella da solo, approfittando dell'assenza di Anicio. Mi faccio raccontare quello che è successo dopo che sono fuggito da Narbona. La morte di Ludovico mi rattrista.

«Non immaginavo che potesse reagire così alla mia lettera. Era stato tanto gentile con me!»

«Quanto gentile? Non avrei mai immaginato che tu...»

«Lascia stare! Acqua passata. Ora sono sposato e ho due figli maschi: Carlo e Pipino.»

«Pipino? Che *mentula* di nome è questo?»

«So che in latino sembra buffo ma è un nome comune tra i Franchi. Abbiamo dovuto chiamarlo come il padre di Griselda, mia moglie. Me l'ha presentata Childeric.»

Racconto a Ingrid come Childeric mi ha aiutato a farmi strada nell'esercito dei Franchi fino alla corte del re.

«Mi sembra che anche tu te la passi bene a Ravenna.»

«Sì, Anicio mi dà tutto quello che gli chiedo. Sono diventata amica anche di Onoria, la sorella dell'imperatore. Usciamo spesso a fare compere, sempre sul conto dell'imperatore!»

«Incredibile. Hai fatto amicizia pure con la moglie dell'imperatore?»

«All'inizio sì ma poi Licinia è diventata fredda con me. Forse ha sospettato di me e Valentiniano.»

«Sei stata a letto con l'imperatore?»

«All'imperatore non si può dire di no. E poi poteva essere utile anche alla carriera di mio marito.»

«Quel povero Anicio non si merita le corna.»

«Invece sì. Mi lascia sempre sola!»

Scuoto la testa

«Ingrid, dopo questi anni a Ravenna sei diventata... una vera romana!»

«Intendi dire uno *scortum*? Dillo pure! Lo dice pure il prete quando mi vado a confessare. Come penitenza mi dà...»

«Non dirlo! Ludovico mi aveva parlato dei preti cristiani!»

Restiamo a Ravenna tre giorni e infine troviamo un accordo con Ezio. Anicio guiderà una coorte che viaggerà con noi fino a *Lutetia*, alla frontiera meridionale del regno dei Franchi. Dovrebbe essere sufficiente, insieme ai guerrieri di Childeric, a schiacciare i ribelli. Ezio verrà poi con un esercito più numeroso, per affrontare gli unni, e noi ci siamo impegnati a unirci a lui. Ho l'impressione che i romani scarseggino di soldati. Gli italici non si arruolano più nelle legioni ed Ezio deve racimolare i soldati dove può.

Riferisco i termini dell'accordo al re Meroveo, che annuisce soddisfatto.

«Ti fermi da me stanotte?»

«Meroveo! Avevamo deciso di non farlo più. Tu sei sposato e devi fondare una dinastia.»

«La dinastia può attendere. Possiamo divertirci insieme ogni tanto.»

Comincio a spogliarlo. Una eccezione si può fare. E poi è bello *futuere* un re!

Passate le Alpi, il nostro esercito incontra un drappello di guardie burgunde. Anicio mi spiega che i Burgundi si sono stanziati lì come *foederati,* con il permesso di Ezio. Mostriamo loro un lasciapassare con il sigillo di Ezio e passiamo. Anicio mi informa che anche Gunderic, re dei Burgundi, ha promesso di combattere gli unni al nostro fianco.

Facciamo sosta a Lugdunum e faccio fatica a riconoscere la città che avevo tanto ammirato l'anno che conobbi Ludovico. Intorno al foro ci sono ancora gli edifici pubblici e le ricche *domus* ma la manutenzione lascia molto a desiderare e le terme sono chiuse. Soprattutto è diversa la gente. I nuovi padroni burgundi trattano con evidente disprezzo i gallo-romani. A noi e ai legionari viene dato il permesso di occupare temporaneamente delle ville abbandonate poco fuori città, ma solo perché alleati contro il comune nemico unno. Faccio alcune domande ad Anicio.

«Che cosa rimane ora dell'impero romano di occidente?»

«Intendi le province governate direttamente dai romani? Italia, Illiria, parti della Gallia e della Spagna. Ma le regioni occupate dai *foederati* fanno ancora parte dell'impero romano.»

«Anicio, con te voglio essere "franco" in tutti i sensi. I Franchi *foede-*

rati non si sentono romani. Anche a *Lutetia* di romano è rimasto ben poco. I galli ora la chiamano Paris e hanno perso la fiducia in Roma.»

«Lo so. Ma intanto anche nelle province dei *foederati* si parla latino e vigono le leggi di Roma. L'impero si sta trasformando in una federazione in cui le province hanno ampia autonomia ma tutti sono *cives romani.*»

«Io sono mezzo romano e mezzo franco e vorrei tanto un impero come dici tu. Ma questo impero non ci sarà mai se il tuo *magister militum* continua ad accogliere barbari come i Burgundi e gli Alani.»

«Hai ragione. Ma ora dobbiamo affrontare gli unni. Dobbiamo fare fronte comune con tutti i popoli della Gallia, anche con gli ultimi arrivati.»

Proseguendo il nostro viaggio verso nord entriamo arriviamo a *Lutetia.* Li ci riuniamo con l'esercito di Childeric.

«Ce l'avete fatta a venire finalmente! Gli unni hanno passato il Reno e hanno distrutto la nostra capitale *Tornacum.* Ora tutti i franchi sono pronti a riconoscere Meroveo come re.»

«Che è successo al fratello di Meroveo?»

«E' stato ucciso dai suoi stessi soldati quando è scappato da *Tornacum.* Ora gli unni ora si dirigono verso *Lutetia.*»

4
Theodomir

Gli unni hanno passato il Reno in più punti. Un esercito comandato da Ellak, figlio di Attila, ha attaccato a nord il regno dei Franchi. Attila, con la maggior parte degli unni, ha passato il Reno proprio vicino al forte che io ho conquistato. Da qui partirà l'attacco principale alla Gallia. Da Attila mi aspettavo almeno un elogio ma così non è stato.

«Dove sono i prigionieri burgundi?»

«Non abbiamo fatto prigionieri. Quelli che si sono arresi li ho fatti giustiziare. Hanno ucciso mio figlio!»

«Se ci tenevi alla vita dei tuoi figli non dovevi portare in battaglia dei bambini. Li hai voluti accanto a te solo perché rendessero più credibile la tua stupida messinscena.»

«Ho preso il forte con l'astuzia. E allora? Quello che conta il risultato!»

«Il risultato è che ora non posso più sperare nell'alleanza dei Burgundi. Re Gunderic era indeciso, ma quando saprà che tutti i suoi guerrieri sono stati massacrati finirà per unirsi a Ezio.»,

Attila non mi è stato più riconoscente di Teodorico ma almeno mi ha permesso di continuare a combattere al suo fianco. I mie goti hanno partecipato con gli unni alla conquista di Treviri, e poi di *Divodorum*. Gli ostrogoti hanno avuto solo una piccolissima parte del bottino.

A saccheggio ultimato, Attila ci dà nuovi ordini.

«Prepara i tuoi uomini! Andiamo verso *Lutetia*.»

Oso fare un commento.

«I miei uomini sono pronti. Ma pensavo che saremmo andati verso sud, a *Lugdunum*.»

«Tu non devi pensare ma solo ubbidire. A *Lutetia* ci riuniremo con l'esercito di mio figlio Ellak. Nella città c'è solo una debole guarnigione romana e i Franchi sono stati sgominati. Entreremo in città senza incontrare resistenza»

Attila aveva spie dappertutto ma non sempre riceveva le informazioni giuste. Arrivati nei pressi di *Lutetia,* veniamo a sapere che un esercito dei Franchi, dopo la distruzione di *Tornacum*, si è unito a una legione romana. Franchi e romani sono pronti ad affrontarci. Vedendo il disappunto di quel muso giallo riesco a malapena a trattenere un sorriso.

Attila non si dà per vinto e manda una ambasciata a *Lutetia* per chiedere la resa. Romani e Franchi si dichiarano pronti a trattare. Attila decide di condurre il negoziato lui stesso. Come accompagnatori sceglie suo figlio Ellak e, sorprendentemente, me stesso. Mi dà però un'avvertenza.

«Non ti azzardare ad aprire bocca. Ti porto con me solo per far vedere ai Franchi che con gli unni combattono anche guerrieri di stirpe germanica.»

Nel luogo dell'appuntamento ho la sorpresa di riconoscere il capo dell'esercito franco. E' Childeric, il gigante dai capelli rossi! Quello che credevo che fosse morto a Tolosa! Anche Childeric deve avermi riconosciuto ma decide di ignorarmi. Il re dei Franchi è rappresentato da un tal Sidonio, Maestro di Palazzo del re Meroveo. Non credo di averlo mai visto prima ma lui mi guarda come se mi conoscesse. Infine c'è Anicio che si presenta come *magister militum per Gallias*. Anicio parla per primo.

«Attila, come osi invadere le terre di Roma? Se ve ne andate in pace non vi sarà torto un capello. Ma guai all'unno che violerà il suolo di *Lutetia*! »

Attila mostra il suo più terribile ghigno.

«Bene! Ora sentite la mia proposta. Se mi consegnerete con le buone *Lutetia*, la città sarà risparmiata. Se no, riceverà lo stesso trattamento di Treviri e *Divodorum*. Come garanzia mi darete venti ostaggi, dieci romani e dieci franchi.

Anicio sta per rispondere ma Attila lo blocca.

«Avete tre giorni per decidere. Se per allora non vi arrendete non ci sarà pietà per nessuno. Ave!»

Non capisco il comportamento di Attila. Più tardi gli chiedo chiarimenti.

«Perché non attacchiamo subito? Tra tre giorni i Luteziani potrebbero ricevere rinforzi da Roma.»

«Credi di essere tu l'unico capace di usare l'inganno? *Lutetia* è ben difesa e non possiamo dissanguarci per occuparla.»

«E allora?»

«Allora non attaccheremo *Lutetia*. Prenderemo *Aurelianum*! E' una città ricca, non è lontana e possiamo prenderla di sorpresa. Ma per tre giorni lascerò una parte dell'esercito alle porte di *Lutetia*. Prima che romani e franchi se ne accorgano, *Aurelianum* sarà nostra.»

«Geniale! Quando partiamo?»

«Tu non parti. Resterai qui con i tuoi uomini per tre giorni. Ho notato che i franchi ti guardavano fisso. Quando li hai conosciuti?»

«Ho conosciuto solo quel Childeric. Ho combattuto contro di lui a Tolosa. Credevo fosse morto.»

«Se Childeric si ricorda di te è bene che tu ti faccia vedere dai franchi nei prossimi giorni. Poi ci raggiungi ad *Aurelianum*.»

Maledetto Attila! Mi tratta come faceva mio fratello! Per colpa di Childeric mi tocca restarmene qui senza far niente mentre gli unni saccheggiano *Aurelianum*. Niente bottino per noi. O forse no…

Più tardi mi vedo con Eric, l'unico di cui posso fidarmi.

«Ora noi ostrogoti rimarremo soli, con pochi unni. Hai visto quelle ville sulla Senna a pochi passi da qui? Ci abitava gente ricca. Le hanno sgombrate in fretta quando siamo arrivati. Devono essere piene di tesori.»

«Vuoi che andiamo a saccheggiarle? I Franchi potrebbero attaccarci. Non sarebbe nemmeno un gran bottino se dividiamo per tutti.»

«E chi ha detto che si divide con tutti? Il bottino lo prendiamo solo io e te.»

«L'idea mi piace. Come pensi di fare?»

«Agiremo di notte. Sarà questione di poche ore. Nessuno si accorgerà della nostra assenza.»

«Nessuno degli ostrogoti forse. Ma gli unni? Attila li ha lasciati qui per sorvegliarci.»

«Agli unni ci penso io.»

La sera porto alle tende degli unni un regalo inaspettato. Un bel po' di bottiglie di acquavite della Gallia. Con loro bevo pochissimo ma continuo a riempire le loro coppe fino a che tutti sono completamente ubriachi.

Fuori della tenda mi aspetta Eric.

«Possiamo andare. Il bottino ci aspetta.»

«Io venile con voi.»

Chi ha parlato è Peng, il più giallo dei musi gialli. Viene dal mitico paese della seta. I suoi parenti sono morti e ora è rimasto solo, disprezzato anche dagli unni. Parla un pessimo latino.

«Dai Peng, torna a dormire!»

«Io non dolmile. Io volele sestelzi. Io venile con voi o dile tutto a Attila.»

Io ed Eric ci scambiamo uno sguardo. Che venga pure. Ci libereremo di lui dopo.

Uscendo dal campo vedo che le sentinelle dormono. Meglio che non ci abbiano visto uscire. Le punirò quando torno.

Tornando dall'incontro con Attila, Sidonio e Childeric parlano animatamente tra loro in lingua franca. Mi spiegano che uno dei due accompagnatori di Attila è un ostrogoto che, a Tolosa, ha cercato di uccidere Childeric. Per me quel goto non può essere importante. Con gli unni, combattono altri guerrieri di stirpe germanica ma nessuno ha un ruolo di primo piano. La domanda che mi pongo è un'altra.

«Perché Attila ci ha concesso questi tre giorni? Spera forse che i cittadini di Lutetia ci implorino di arrenderci?»

Sidonio scuote la testa.

«Nessuno a Lutetia si fiderebbe mai di Attila. Ora franchi e romani sono uniti e difenderanno la città fino alla morte.»

«Ma questo Attila lo sa. Che pensa di fare in questi tre giorni? Non potrebbe cercare un altro obiettivo?»

Più tardi, con Sidonio e Childeric, guardo una carta della Gallia. Il prossimo obiettivo di Attila potrebbe essere *Aurelianum*. I Galli ne hanno storpiato il nome in Orleans.

Aurelianum era una ricca città dei Galli ma ora, con il permesso di Ezio (!) vi si sono insediati gli Alani. Corrono voci che tra Galli e Alani ci siamo contrasti, di cui Attila potrebbe approfittare.

«Devo partire subito per Aurelianum. Se gli Unni la prendessero, avrebbero via libera per la Gallia meridionale.»

«Ma se ti sbagliassi? Noi Franchi non possiamo lasciare indifesa *Lutetia.*»

Gli esploratori franchi confermano che Attila è partito con la maggior parte del suo esercito. Sono rimasti solo i goti e pochi unni.

Parto per *Aurelianum* con la maggior parte dei miei uomini. Lascio solo un drappello dei nostri a *Lutetia* per mantenere i contatti tra noi e i Franchi. Sidonio e Childeric mi promettono che verranno in nostro soccorso, quando Attila ci attaccherà.

Arrivo ad *Aurelianum* prima di Attila ma la città è già in stato di allarme. I cittadini hanno mandato tutti gli uomini validi a difendere le mura. Siamo fermati alle porte della città. Solo quando vedono le aquile romane e i miei documenti ci lasciano passare.

«Finalmente Roma si è decisa a mandare qualcuno a difenderci!»

Chi mi interpella è una donna, poco più che una ragazza. Sembra una contadina: vesti rozze, seno appena pronunciato, capelli castani corti, niente trucco, ma occhi azzurri bellissimi.

«Noi siamo solo l'avanguardia dell'esercito romano. Ma dove sono gli Alani? Difendere la città era loro preciso dovere.»

«Gli sputo in faccia agli Alani e ai loro stupidi cani. Sono buoni a fare la voce grossa solo con pacifici cittadini. Quando si è sparsa la voce che gli unni stavano arrivando se la sono svignata.»

«Ma allora chi ha organizzato le difese della città?»

«Io, Giovanna, la figlia del fornaio. Mio padre non sapeva che fare ma io l'ho convinto che dobbiamo fermare quei barbari senza Dio. In nome di Cristo, almeno!»

La ragazza non perde tempo a parlare con me e si rivolge a un prete. Lo convince a organizzare una processione lungo le mura per attirare la benedizione divina e sollevare il morale degli orleanesi.

Io torno dai miei uomini e faccio un giro di perlustrazione intorno alla città. Gli unni ancora non si vedono ma troviamo un piccolo gruppo di Alani, con i loro grossi cani da combattimento. Sono stupiti di vedere delle aquile romane.

«Che fate qui? Il vostro dovere di *foederati* è difendere *Aurelianum*!»

«E' in arrivo un esercito unno! Il nostro re Sangibano ci ha ordinato di ritirarci ad *Avaricum*.»

«Al magister militum Ezio non piacerà sapere che gli Alani sono dei codardi. Riferite al vostro re che Ezio lo aspetta ad *Aurelianum*»

La mia era solo una speranza, ma la sera Ezio arriva sul serio. Con lui un esercito raccoglticcio, più piccolo di quello che credevo. Ci sono illiri, galli, alemanni ma in maggioranza sono burgundi: re Gunderic non ha voluto venire lui stesso ma ha mandato molti suoi uomini.

Racconto a Ezio quello che è successo a *Lutetia*.

«I Franchi manderanno qui il loro esercito appena i goti lasceranno *Lutetia*.»

«Temo che non potranno aiutarci molto. Attila non ha ancora attaccato solo perché sta valutando le nostre forze. Dove sono gli Alani?»

«Avevano lasciato la città indifesa. Ho incontrato un loro drappello e sono rimasti stupiti quando hanno visto le aquile romane.»

«Sapevo che di loro non ci si poteva fidare. Adesso probabilmente riceveremo un messaggio del loro re con tante scuse e un piccolo esercito. Ma saremo comunque molto di meno degli unni.»

«I visigoti che faranno?»

«Ho mandato Avito a parlare con re Teodorico. I Visigoti odiano gli Unni ma nemmeno noi gli siamo simpatici. Spero che capiscano che con Attila non si può trattare».

Evito di rispondere. Ezio con Attila ha già trattato, quando ha mandato i suoi unni contro i Visigoti, Ha trattato anche con Franchi, Burgundi e Alani. Ora sta cercando di formare una coalizione di tutti i popoli della Gallia contro gli unni. Ma possibile che l'impero romano possa sopravvivere solo mettendo i barbari l'uno contro l'altro?

Finalmente arriva Attila. Tra l'unno ed Ezio lo scambio di messaggi è solo formale. Ezio gli ordina di ritirarsi e Attila chiede la resa della città. Ma stavolta non ci concede nemmeno un giorno per pensarci: attacca subito.

Noi resistiamo dentro le mura. I cittadini di *Aurelianum* ci danno tutto il loro appoggio. Giovanna continua a spronarli contro gli unni in nome di Cristo. Ezio è ammirato per il suo comportamento.

«Non avrei mai immaginato che una donna potesse combattere in questo modo. E' anche una bella pollastrella!»

Sì, Giovanna è una bella *pulicella*, come dicono qui. La *pulicella* di Orleans! Ci sono anche andato a letto una volta. E' un po' rozza ma piena di fuoco. Dopo il *coitus* mi ha spiegato che non intende sposarsi perché non vuole un marito come padrone. Questo non le impedisce di prendersi degli amanti ogni tanto.

«Ma tu ti proclami cristiana. Non dovresti farlo solo dopo il matrimonio?»

«Cristo ha perdonato anche la donna adultera. Anche tu non sei sposato?»

«Per gli uomini è diverso.»

«Cristo non lo ha mai detto. In ogni caso ogni tanto mi vado a confessare e il prete mi assolve sempre. Come penitenza mi chiede...»

«Non dirmelo per favore!»
Un giorno tentiamo una sortita. Il nostro attacco doveva essere una sorpresa e invece troviamo gli unni ben preparati. Abbiamo gravi perdite. Poco manca che gli unni ci taglino la ritirata verso la città. Siamo salvati dall'arrivo tempestivo dei Franchi, guidati da un gigante dai capelli rossi. Più tardi, in città, Ezio mi chiede di presentarglielo.
«E' Childeric, mio cognato.»
«Un altro? Ma quanti cognati hai?»
«E' una lunga storia!»

Da quando ho rivisto quel goto, non riesco più a dormire la notte. Rivivo ogni momento del giorno in cui l'ho conosciuto: la morte del mio fratellastro Morten, le lacrime di mia madre e soprattutto il ghigno di Theodomir mentre trascinava, come un sacco, il mio padre putativo davanti al suo degno fratello. Si era perfino preso il merito della nostra cattura! Ora quel *cunnus* è a due passi da *Lutetia* e io non posso fare niente. O no?

La mattina dopo vado a parlare con Childeric. Devo fare di tutto per convincerlo.

«Al campo unno sono rimasti in pochi. Se li attaccassimo di sorpresa potremmo distruggerli. E farla pagare a quel Theodomir!»

«Il campo unno si trova su una collina ed è fortificato come un *castrum* romano. Theodomir starà all'erta. Non devi farti accecare dal tuo odio per lui.»

«Facciamo almeno un sopralluogo insieme stanotte! Troveremo i punti deboli delle loro difese.»

Childeric infine accetta la mia proposta. E' una notte di luna piena. Non abbiamo nemmeno bisogno di lampade. Lasciamo *Lutetia* con una scorta di dieci soldati e ci fermiamo in prossimità del campo unno.

«Vedi quelle torrette? Se proviamo ad avvicinarci le sentinelle daranno immediatamente l'allarme. Da quella posizione potrebbero resistere facilmente anche se fossero molto meno di noi.»

Devo ammettere che il ragionamento di Childeric è giusto. Potremmo vincere solo con gravi perdite. E anche così Theodomir potrebbe fuggire e raggiungere Attila ad *Aurelianum*.

Sto per darmi per vinto quando Childeric mi indica delle luci in basso, presso la Senna.

«Quelle ville non le avevi fatte sgombrare? Chi ci può essere lì?»

«Forse sciacalli. Andiamo! Almeno non avremo fatto una uscita a vuoto!»

Ci avviciniamo furtivamente alla una villa da cui provengono le luci. A guardia della porta c'è un soldato, forse un goto. Childeric non perde tempo: scocca una freccia che prende l'uomo alla gola. Il goto cade a terra. Prima di morire riesce appena ad emettere un gemito, Childeric ordina ai suoi soldati di controllare che nessuno esca dalle finestre e varca con me la porta. Ci viene incontro un ometto con gli occhi a mandorla che si mette in ginocchio davanti a noi.

«Mi allendo! Io solo povelo soldato. Io solo obbedito a oldini capo!»

Il capo e davanti a noi. E' stato bloccato da un nostro soldato mentre cercava di fuggire da una finestra. E' Theodomir!

Childeric si avvicina al goto puntandogli la spada al petto.

«Ma guarda! Quello che si dava arie da grande capo ora arrestato come un ladruncolo qualsiasi. Dopotutto non sei tanto diverso da tuo fratello.»

Theodomir è disarmato e legato.

«Fottitore di capre che cercavi qui? Ci sono altri dei tuoi in giro?»

«*Futue te ipsum!*»

«Ah! Hai imparato anche il latino. Ti servirà quando ti venderemo come schiavo ai romani!»

Annuisco. Theodomir deve patire le stesse umiliazioni che ha fatto subire alla mia famiglia.

«E di questo unno qui che cosa ne facciamo?»

«Io no unno. Io cinese. Lui capo! Lui ubliacato unni pel venile lubale. Lui lasciato dolmile sentinelle.»

Sono stupefatto. Mi rivolgo a Childeric.

«Non sono sicuro di avere capito bene. Al campo unno, gli ostrogoti sono senza il loro capo, gli unni sono ubriachi fradici e le sentinelle dormono?»

«Sì. E' una occasione da non perdere!»

Torniamo a *Lutetia*. Theodomir e Peng sono messi in celle separate in attesa di essere "interrogati". Theodomir mette insieme, in fretta e in furia, tutti i guerrieri disponibili. Riusciamo ad arrivare fino al campo unno senza farci notare. L'allarme viene dato solo quando stiamo entrando. Non facciamo fatica a sopraffare le poche sentinelle sveglie. Gli ostrogoti cercano disperatamente il loro capo. Non trovandolo, pochi combattono: quasi tutti fuggono o si arrendono. Gli unni, ancora con i postumi della sbronza, sono trafitti uno dopo l'altro. Torniamo a Lutetia con trenta prigionieri ostrogoti, che sistemiamo in celle vicine a quelle del loro capo.

A questo punto dobbiamo mantenere gli impegni presi con Ezio, mandando il nostro esercito contro Attila. Childeric ha qualche esitazione. Vorrebbe quasi approfittare dell'occasione per annettere *Lutetia* al regno dei Franchi. Io lo dissuado.

«Attila è un pericolo per tutti i popoli della Gallia! Se vinceranno gli unni non avremo scampo. Se vincerà Ezio dovremo affrontare la vendetta di Roma.»

«D'accordo! Porterò i miei uomini ad *Aurelianum*. Ma tu rimani qui con re Meroveo.»

«Dei prigionieri goti che ne facciamo?»

«Non strapazzarli troppo! Potrebbero servirci per uno scambio di prigionieri. E poi uno schiavo storpio al mercato non vale niente.»

Dopo l'arrivo dei Franchi anche gli Alani si sono decisi a mandare un loro esercito, comandato da re Sangibano. Probabilmente lo hanno fatto perché temevano che Ezio gli togliesse *Aurelianum* per darla ai Franchi. In effetti Ezio ci aveva pensato, ma aveva bisogno di tutti gli alleati possibili contro Attila.

L'arrivo degli Alani ad *Aurelianum* riempie di indignazione Giovanna. Ne discuto con lei a letto.

«Ezio ci ha venduti. Questi barbari fanno di nuovo da padroni. Eppure siamo stati noi orleanesi a salvare *Aurelianum*.»

«Sì, ma non avreste resistito a lungo se non fossero arrivati Ezio con i Burgundi e poi i Franchi. I romani non sono più capaci di difendersi da soli.»

Con l'arrivo di Franchi e Alani le nostre sortite contro gli unni sono sempre più frequenti e sanguinose. Attila ora si trova davanti a un esercito composito ma tale da impedirgli la conquista di *Aurelianum* e l'avanzata verso Sud.

Infine arrivano i Visigoti, con in testa re Teodorico e suo figlio Torismundo. Li guida ad *Aurelianum* il mio vecchio capo, Avito. Mentre Teodorico discute con Ezio, Avito si congratula con me per avere difeso coraggiosamente *Aurelianum*. Io mi felicito con lui per avere convinto i visigoti a unirsi a noi.

«Non è stato facile. Teodorico voleva aspettare che gli unni lo attaccassero direttamente ma la vostra resistenza ad *Aurelianum* lo ha convinto che Attila può essere fermato solo qui.»

Attila sposta il suo esercito verso ovest ma non intende ritirarsi oltre il Reno. Pone il suo accampamento su una collina sovrastante i Campi Catalaunici E' un accampamento fortificato con palizzate di legno: dai romani Attila ha imparato almeno qualcosa! Noi poniamo il campo in un'altra collina, dal lato opposto.

Prepariamo gli schieramenti. Romani e Burgundi a sinistra, Visigoti a destra. Gli infidi Alani sono collocati di proposito al centro. Ai Franchi è assegnato il compito di proteggere le spalle dell'esercito romano-visigoto. Sono proprio i guerrieri di Childeric a combattere per primi respingendo un attacco proditorio di una banda di Gepidi, venuti in Gallia con gli unni.

Attila si decide ad attaccare solo dopo mezzogiorno. Le orde unne invadono la pianura e cercano di risalire una piccola altura al centro. I nostri gli vanno incontro. Piovono frecce sugli unni, ma anche contro di noi. Io, seguendo gli ordini di Ezio, cerco di risalire l'altura centrale dall'altro lato.

Dopo due ore, con l'aiuto dei Franchi di Childeric, guadagno la cima. Cominciamo a bombardare con lance e frecce gli unni che cercano di risalire. I nemici indietreggiano. Si scontrano con quelli che li seguivano. Alla base dell'altura lo scompiglio si propaga.

A questo punto Teodorico carica con la cavalleria visigota, provocando il collasso dello schieramento unno. Gli unni in rotta sono inseguiti da burgundi e alani. Ezio spinge i suoi "romani" verso l'accampamento unno sulla collina. Da lontano vedo i visigoti, guidati da Torismundo, cercare di entrare nel forte unno. Ma dov'è Teodorico? Non riesco più a distinguere quello che succede su quella collina. Sta facendo buio.

Scendo con i miei uomini nella pianura, facendomi strada tra corpi di uomini e cavalli. Raggiungo Ezio sotto il forte unno. E' buio pesto. Torismundo è tornato indietro. Non è riuscito a entrare con i suoi visigoti nel forte e decide di passare la notte all'aperto, pronto ad attaccare nuovamente Attila alle prime luci del giorno. Ma Teodorico che fine ha fatto?

Poco dopo ci raggiungono anche Childeric e i suoi franchi. Il gigante, mio cognato, mi sta diventando simpatico. Dividiamo tra noi una bottiglia di acquavite, pronti a riprendere il combattimento la mattina.

E' giorno. Ricominciano a piovere frecce sul forte unno. Ezio è convinto che Attila non potrà resistere a lungo. E' a corto di viveri e frecce.

I visigoti riprendono la ricerca del loro re. Trovano Teodorico in un mucchio di cadaveri. Deve essere stato scrollato dal suo cavallo e poi travolto proprio dagli stessi uomini che lo seguivano.

Il re è morto. Viva il re! Torismundo non perde tempo e si fa acclamare immediatamente re dei visigoti. Il nuovo re va a confabulare con Ezio, per concordare una linea d'azione comune contro gli unni. Io aspetto nuovi ordini. Guardo i Campi Catalaunici alla luce del giorno. La battaglia è stata una carneficina. Difficile distinguere i corpi degli unni da quelli di galli, goti, alani...

Childeric mi distoglie dai miei pensieri. Sta arrivando un piccolo gruppo di cavalieri. Riconosco Sidonio e re Meroveo.

«Sidonio, che fai qui? Ti avevo detto di restare a *Lutetia*.»

«Il principe Lotario ha fatto un colpo di stato e si è autoproclamato re. Io e Meroveo abbiamo fatto appena in tempo a fuggire.»

«E Theodomir? Che fine ha fatto?»

«Lotario lo ha liberato per ingraziarsi Attila. Potrebbe essere già qui.»

Quando Lotario viene a liberarmi non riesco a credere alla mia fortuna. Fa liberare anche Peng e gli ostrogoti fatti prigionieri al forte.

«Mio cugino Meroveo ha usurpato un trono che doveva essere mio. Lui non è adatto a fare il re e delega tutto al Maestro di Palazzo.»

«Anche il Maestro di Palazzo è un imbelle. Lo avete ucciso?»

«E' fuggito. Deve essere andato a chiedere aiuto a suo fratello Childeric che ha tradito il popolo dei Franchi per mettersi al servizio di Roma.»

«Attila punirà tutti quelli che si sono messi contro di lui, e premierà chi lo ha aiutato. Il re degli unni apprezzerà il bel gesto di re Lotario e ne terrà conto quando tornerà a *Lutetia*.»

Appena sono abbastanza lontano da Lutetia faccio il punto della situazione con gli altri goti. In realtà non sappiamo che accoglienza avremmo da Attila. Me lo fa presente anche Andag, il più influente dei goti liberati.

«Parliamoci chiaro! Il nostro forte è caduto subito perché tu ti eri allontanato per i fatti tuoi e noi ci siamo arresi. Che altra spiegazione possiamo dare ad Attila?»

«Potremmo dire che abbiamo combattuto eroicamente ma i franchi erano molti di più e ci hanno sopraffatti. Dopo tutto è stata di Attila l'idea di lasciare al campo solo pochi soldati.»

«Non vorrai mica dire ad Attila che è stata tutta colpa sua! Ti ucciderebbe subito lui stesso!»

«Io potele testimoniale. Io dile ad Attila che voi tutti guellieli valolosi!»

L'uscita di Peng fa ridere tutti ma il cinesino non ha tutti i torti. Lui assomiglia agli unni più di noi. Forse le sue dichiarazioni sarebbero più credibili delle nostre.

Arriviamo ai Campi Catalaunici mente la battaglia è in corso. Siamo vicini al tramonto e vediamo che gli unni rischiano la disfatta. Attila e i suoi si sono rinchiusi in un forte, assediati da romani e visigoti.

Che fare? Il mio primo impulso sarebbe cambiare ancora bandiera ma né Ezio né Teodorico si fiderebbero più di me. Ci fermiamo a dormire nei pressi del campo di battaglia in attesa di capire come vanno le cose.

Alle prime luci del mattino scendo con Andag nella pianura della battaglia. Ci sono cadaveri dappertutto: soprattutto unni ma anche visigoti, alani e romani. Il corpo di un visigoto vestito e armato meglio degli altri attira la mia attenzione. Lo rivolto per vedere la sua faccia. E' proprio Teodorico, il re dei Visigoti. Nella sua mano sinistra brilla un anello, con il sigillo reale. Senza esitazione taglio di netto il dito con l'anello. Andag mi guarda con disapprovazione.

«Non hai perso il vizio di tagliare le dita ai morti. Non ti è bastato tuo fratello?»

«Andag, questo è un dito del re dei Visigoti e potrebbe salvarci la pelle. Andiamo via prima che i visigoti ci scoprano!»

Più tardi, davanti a tutti i miei uomini spiego il mio piano.

«Io penso che Attila si salverà. Senza il loro re, i visigoti difficilmente continueranno a combattere ed Ezio non ha forze sufficienti per dargli il corpo finale.»

Andag annuisce.

«Può darsi. Ma che c'entra quel dito con l'anello?»

«Attila non sa ancora che Teodorico è morto. Sarà molto grato al guerriero che lo ha ucciso.»

«Vorresti fargli credere che lo hai ucciso tu?»

«No Andag. Lo hai ucciso tu!»

«Io? Perché vuoi dare a me il merito?»

«A me Attila non crederebbe. Tu sei il nostro miglior arciere. Lo hai ucciso con una freccia quando noi ci siamo infiltrati dietro i visigoti durante la battaglia.»

«Ma nel corpo di Teodorico non c'era nessuna freccia.»

«Sì, ma Attila non lo sa!»

Tutti restano pensierosi chiedendosi se la mia storia sia credibile. Rompe il silenzio Peng.

«Io l'ho vista la fleccia nel colpo di Teodolico! Andag blavo alciele. Theodomil colaggioso condottielo!»

Scoppiamo tutti a ridere. Peng ci sarà più utile di quanto pensavamo.

Il primo passo è quello di raggiungere il forte di Attila eludendo la sorveglianza di romani e visigoti e senza farci uccidere dalle sentinelle unne. Troviamo un punto meno sorvegliato e mandiamo avanti Peng, quello che meno aveva la possibilità di essere scambiato per un romano. Il cinesino è terrorizzato ma riesce ad avvicinarsi al forte abbastanza da essere riconosciuto. Dopo essere entrato convince le sentinelle a fare passare anche noi. Peng racconta la storia che abbiamo concordato in lingua unna. Io la ripeto, con qualche dettaglio in più, in latino.

Attila ascolta attentamente, non completamente convinto. Suo figlio Ellak è ancora più diffidente ma entrambi ci accettano tra i difensori del forte. In fin dei conti ci siamo uniti a loro in un momento molto critico per gli unni e loro hanno bisogno di tutti i guerrieri disponibili.

Più tardi Attila mi chiama per un incontro privato.

«Prima della battaglia un indovino mi aveva predetto che sarebbe caduto in battaglia un capo dei miei nemici. Speravo che sarebbe morto Ezio ma invece è toccato a Teodorico. Un messaggio di Ezio me lo ha confermato.»

«Dubitavate delle mie parole?»

«Francamente sì. Ma il problema è un altro. Ezio mi dice è stato acclamato re dei Visigoti suo figlio Torismundo. Mi invita a lasciare la Gallia prima che Torismundo ci distrugga per vendicare suo padre.»

«Nella condizione in cui ci troviamo mi pare una offerta fin troppo generosa. Temete un tranello?»

«Forse. Ma ti ho chiamato perché hai conosciuto Teodorico a Tolosa. Hai conosciuto anche Torismundo?»

«L'ho visto un paio di volte. Ma allora aveva solo 15 anni.»

«Teodorico aveva altri figli?»

«Si, due. Non mi ricordo i nomi. Erano di poco più piccoli di Torismundo.»

«Quindi ora sono adulti. Potrebbero contendere il trono al fratello. Ho idea che presto Torismundo tornerà a Tolosa prima che qualcuno metta in dubbio la sua nomina. Forse Ezio lo incoraggerà a ritirarsi.»

«Davvero? E perché dovrebbe farlo?»

«Per prendersi da solo tutto il nostro bottino. Mi ha chiesto di lasciarlo nel forte prima di partire.»

«Sapevo che i romani sono venali ma non immaginavo che potessero arrivare fino a questo punto!»

«Ezio non è solo venale. Secondo me ha paura che i visigoti diventino troppo forti e mi vorrebbe di nuovo come alleato. Pensa che gliene sarò grato. Mi conviene lasciarglielo credere.»

Nei giorni successivi vediamo che i visigoti lasciano veramente i Campi Catalaunici. Attila aspetta qualche giorno poi si prepara a partire per la Germania. Secondo gli accordi con Ezio, ordina di lasciare al forte tutti i carri e la maggior parte del bottino che avevamo razziato in Gallia. Teniamo solo le monete. Attila ne dà un po' a me e ad Andag.

«Non so come avete fatto, ma la morte di Teodorico ci ha salvato. Ezio ci seguirà mentre torniamo verso il Reno ma non ci attaccherà. Scoprirà presto che errore ha fatto.»

L'esercito dei franchi lascia i Campi Catalaunici, poco prima di quello visigoto. Saluto Sidonio.

«Mi dispiace tanto. Avrei voluto aiutarti a dare il colpo finale ad Attila.»

«Ti ringrazio ma capisco che Meroveo deve salvare il trono. In ogni caso non avreste potuto aiutarci. Ezio ha deciso di lasciare andare via Attila senza attaccarlo.»

«*Stultus est!*»

«Forse. O forse troppo furbo! In ogni caso il *magister militum* è lui. Io devo obbedire.»

Torniamo a *Lutetia* e scopriamo che i cittadini gallo-romani si sono ribellati a Lotario. Ora gli abitanti di *Lutetia* si fanno chiamare parigini. Si sono alleati agli orleanesi che, guidati dalla *pulicella* Giovanna, hanno cacciato gli Alani, appellandosi direttamente all'imperatore.

Ci scontriamo con i seguaci di Lotario più a nord, a *Tornacum*. L'esercito di Childeric non fa fatica a vincere i ribelli. Meroveo riprende il suo trono e il suo primo atto è quello di fare giustiziare il cugino. Come Maestro di Palazzo mi permetto di dare a re Meroveo alcuni consigli.

«Ora il regno dei franchi è ridotto alla Gallia Belgica. Dobbiamo ingrandirci, riprendere almeno *Lutetia* ma, per farlo, dobbiamo ottenere il pieno supporto della popolazione gallo-romana.»

«Sono d'accordo. Che suggerisci?»

«Prima di tutto devi farti battezzare, ma da un prete cattolico, non ariano.»

«Che differenza c'è?»

«Non l'ho capito bene ma i gallo-romani sono in maggioranza cattolici mentre i nostri nemici visigoti sono ariani. E' un bene se in un regno tutti hanno la stessa religione. Meglio se i loro nemici sono di religione diversa.»

«*Lutetia* val bene una messa! E poi!»

«Poi devi fare insegnare a tutti i franchi il latino, anzi la varietà di latino che si parla qui. Il latino di Lutetia deve diventare la lingua ufficiale del regno!»

«Non c'è problema. Già ci stiamo abituando a parlare latino. Poi?»

«Poi devi avere un erede. Dobbiamo dare l'idea che con te nasce una nuova dinastia.»

«Non c'è problema. Mia moglie aspetta un bambino. Se nasce maschio lo chiamerò Childeric, come tuo fratello.»

«Childeric ne sarà onorato ma sarà meglio chiamarlo Childerico. Dobbiamo latinizzare tutti i nostri nomi.»

Nei giorni successivi vengo a sapere che a *Lutetia* è arrivato il nuovo *magister militum per Gallias*. Si chiama Agrippino e vuole ripristinare il dominio diretto di Roma nella Gallia centrale, dalla Loira alla Senna e oltre. A noi Franchi ha riconosciuto lo status di *foederati* solo nella Gallia Belgica.

Agrippino mi informa che Giovanna, la *pulicella* di Orleans, ha fatto una brutta fine. Romani e Alani, di comune accordo, l'hanno accusata di stregoneria e l'hanno mandata al rogo. Con lei faranno anche una *damnatio memoriae*. Nessuno dovrà ricordare che un membro del popolo, addirittura una donna, si è sollevato contro i propri governanti, nemmeno tra cento o mille anni.

Qualche mese dopo, Childeric fa da padrino al battesimo del piccolo Childerico. Dopo la cerimonia mi prende da parte.

«Che dici? E' arrivato il momento di riprenderci *Lutetia*?»

«Non ancora. Corrono voci che Attila attaccherà di nuovo.»

Anicio

Attila è tornato ma stavolta ha attaccato proprio l'Italia. Gli è bastato un anno per preparare la sua nuova grande offensiva. Nel suo esercito stavolta ci sono, oltre agli unni, molti Ostrogoti, Gepidi, Alemanni… tutti gli abitanti dell'impero unno, che si estende dalle lontane steppe degli Sciti ai fiumi Reno e Danubio.

L'esercito di Ezio, come un anno fa, non è in grado di fermarlo ma, stavolta, non può contare sui suoi alleati di ieri. Il *magister militum per Gallias* fa fatica a tenere a bada Visigoti, Alani, Burgundi e Franchi. Ho proposto a Ezio di chiedere aiuto a mio cognato Sidonio ma il mio capo mi ha bloccato.

«Meglio che in Gallia non sappiano quanto siamo messi male. Ne approfitterebbero per attaccarci alle spalle.»

Ora siamo veramente malmessi: Attila ha espugnato Aquileia e ora minaccia Padova. Molti abitanti della zona sono fuggiti nelle isole delle lagune venete. Ezio può solo ritardare la marcia di Attila verso *Mediolanum*.

Valentiniano è fuggito con la famiglia a Roma . La più spaventata è Onoria che ora supplica il fratello di non abbandonarla.

«Non vorrai farmi sposare veramente quell'uomo terribile?»

«Se volesse solo te, ti darei subito ad Attila, con una bella dote! Ma quel barbaro vuole il mio impero.»

Valentiniano ha provato anche a chiedere aiuto al cugino Marciano, imperatore d'oriente, ma senza risultato. Marciano è ben contento che gli unni attacchino noi, e non lui!

Con Valentiniano ho fatto partire per Roma anche Ingrid e i miei figli. Mia moglie aspetta un altro bambino. Non sarebbe stato prudente lasciarla senza protezione a Ravenna. Ezio mi ha dato il permesso di accompagnarla ma dovrò raggiungerlo subito al fronte.

Ingrid è entusiasta di Roma e non si rende conto del suo degrado. Ancora si vedono i segni del saccheggio di Alarico e ora tanti temono che anche Attila possa arrivare fin qui. Ho sistemato Ingrid nella *Domus Anicia* dove sono nato. Mio zio me l'ha rivenduta a un prezzo inferiore a quello con cui l'aveva comprata e poi è scappato a Napoli.

Anche Ingrid non è più la stessa di prima. E' ingrassata in questi ultimi anni ma è sempre la donna della mia vita. Ha avuto altre gravidanze ma solo Anicilla e Lucio sono riusciti a venire al mondo e a sopravvivere. Il medico di corte dice che tutto va bene ma vorrei essere con lei al momento del parto, Attila permettendo.
Valentiniano si è trasferito in quello che è rimasto del palazzo di Augusto sul Palatino. Dalle finestre c'è una bella vista sull'anfiteatro Flavio e sui Fori. Dall'alto Roma sembra ancora quella di Traiano e Costantino ma tanti monumenti avrebbero bisogno di restauro. Le nuove chiese sono costruite con i materiali degli antichi templi. Visito la Curia solo perché Valentiniano ha insistito per farmi senatore. Un titolo ormai solo onorifico, anzi nemmeno quello, visto il poco onore con cui i senatori amministrano la loro città.

Prima di ripartire faccio una visita di cortesia al vescovo di Roma, papa Leone. Mio padre mi aveva voluto far battezzare proprio nella basilica di San Pietro ma non sono mai stato particolarmente religioso. Soprattutto non ho mai capito perché il vescovo di Roma debba avere autorità su tutti i vescovi, anzi su tutti i cristiani. Devo ammettere però che papa Leone mi colpisce. Emana autorità da tutti i pori. Mi fa alcune domande su Attila e gli Unni.
«Mi hanno detto che Attila non è cristiano. Che religione hanno gli unni?»
«Una volta l'ho chiesto a un mio amico unno. Hanno alcuni riti propiziatori, sono convinti che il Cielo mandi dei segnali, ma non credono in particolare ad alcuni dei. Molti hanno adottato dei germanici come Thor e Odino.»
«Interessante. Tra i germani che combattono con gli unni ci sono anche cristiani?»
«Si, soprattutto ariani.»
Il papa scuote la testa.
«Con gli eretici ogni dialogo è impossibile. I pagani invece si possono convertire.»
Convertire Attila? Non riesco a trattenere una smorfia. Il papa mi ammonisce.
«Tu non hai fede figliolo? Non credi che Cristo possa riuscire dove l'uomo ha fallito? Non mi pare che il *magister militum* abbia avuto

molto successo con Attila finora.»

Accuso il colpo.

«Che cosa intendete fare, Santità? Non vorrete mica andare voi stesso incontro ad Attila?»

«Perché no? Naturalmente prima devo parlare con l'imperatore ma mi metterò in viaggio in ogni caso. Quando verrò, fammi parlare prima con il tuo amico unno: devo sapere tutto quello che posso sugli unni.»

«Il mio amico è a Cremona. Andrò in ogni caso a trovarlo. Ma non credo che il vostro viaggio sia necessario. Il magister militum Ezio può ancora fermare Attila.»

«Naturalmente pregherò Cristo perché l'esercito romano cacci dall'Italia gli unni infedeli. Ma se dovrò pregare io stesso in ginocchio davanti ad Attila lo farò.»

Naturalmente non aspetto che il papa si muova. Parto immediatamente. Viaggio più veloce che posso, cambiando cavalli lungo il cammino. A *Mediolanum*, Ezio mi dà notizie terribili.

«Padova è stata messa a ferro e a fuoco. Verona si è arresa senza combattere. Attila si avvicina e non ho i mezzi per difendere *Mediolanum*. Dobbiamo ritirarci oltre il Po.»

Racconto a Ezio il mio incontro con papa Leone. Ezio non fa obiezioni.

«Che venga pure quel vecchio! Non convertirà Attila ma potrebbe esserci utile in una trattativa.»

11

Theodomir

Sul castello di Verona batte il sole a mezzogiorno... Chissà perché, da quando mi sono alzato, mi rintrona nella testa questa frase: sembra l'inizio di una poesia che qualcuno deve ancora scrivere.

Ora sono proprio nel castello che sovrasta la valle dell'Adige e Verona, la città fortificata che si è arresa senza opporre resistenza.

Quando Attila mi ha detto che si andava in Italia ho pensato che scherzasse, ma lui non scherza mai. «Voglio arrivare fino a Roma. Prendermi quella troia di Onoria e impiccare Ezio con le budella di Valentiniano.»

Ora siamo che siamo così vicini al traguardo ho nostalgia della mia famiglia, soprattutto del piccolo Teodorico, l'ultimo nato. Ho voluto chiamarlo come il re dei visigoti la cui morte ha salvato Attila e me. Forse un giorno anche lui diventerà re, un re ancora più importante. Questa volta non ho voluto portare con me Herman. Vedere morire suo fratello lo ha cambiato. Non diventerà mai un vero guerriero.

Lasciamo Verona e ci dirigiamo verso *Mediolanum*. Troviamo letteralmente terra bruciata. Hanno fatto spargere la voce che dove passa Attila non cresce erba. Io credo invece che sia stato Ezio a fare bruciare i campi di grano che attraversiamo. Spera che rimaniamo senza foraggio per i cavalli e viveri per i soldati. Le fattorie che attraversiamo sono deserte. Gli uomini, con il bestiame, devono essere scappati sulle colline.

La prima città importante che troviamo è *Brixia*. I cittadini ci aprono subito le porte ma scopriamo che la maggior parte degli abitanti sono fuggiti e i magazzini sono vuoti.

Attila è furioso per la tattica usata da Ezio.

«Quel pusillanime spera di prenderci per fame ma così danneggia solo gli italici che vivono qui. Avrà almeno il coraggio di difendere *Mediolanum*?»

Non sono tanto sicuro che la tattiva di Ezio sia sbagliata. I cavalli già risentono delle scarse razioni di foraggio e alcuni soldati si sono ammalati.

Entriamo a *Mediolanum* senza incontrare resistenza. Tanti abitanti sono scappati ma stavolta non hanno fatto in tempo a vuotare tutti i magazzini. Uomini e cavalli possono rifocillarsi.

Attila si stabilisce nel palazzo reale, sede dell'imperatore nel periodo in cui Mediolanum fu capitale dell'Impero Romano di Occidente. Nel palazzo c'è un dipinto in cui sono raffigurati i Cesari seduti in trono e ai loro piedi i principi sciti. Attila, lo fa modificare: i Cesari sono raffigurati nell'atto di vuotare borse d'oro davanti al trono dello stesso Attila.

Oso fare un'osservazione.

«Bel dipinto. Ma se ci facessimo dare veramente un bel po' di borse d'oro da questo Cesare da strapazzo?»

«L'oro ce lo andremo a prendere a Roma. Dicono che Alarico fece un bottino eccezionale.»

«Vero. Ma è morto poco dopo, no?»

Attila mi guarda irritato ma leggo un po' di timore atavico nei suoi occhi.

«Stai insinuando che gli dei lo hanno punito? I romani hanno abbandonato il loro antichi dei per un povero Cristo che predica pace e amore.»

«Non sta a me predire se gli dei ci sono favorevoli o no. Per questo hai i tuoi indovini. Come tuo ufficiale, io posso solo consigliarti di non sottovalutare Ezio. Finora ha evitato lo scontro frontale ma potrebbe tenderci una trappola.»

«Ben detto! Invece di chiacchierare perché non vai a fare un sopralluogo con i tuoi uomini? Quando torni voglio un rapporto completo sulle forze di Ezio. Poi starà a me fare il piano di attacco.»

Non è difficile seguire le tracce di Ezio, sulla via Emilia. La strada romana è ancora in buono stato ma a destra e a sinistra ci sono solo campi bruciati e fattorie abbandonate. Sicuramente i romani daranno la colpa ad Attila. Scendendo verso Sud arriviamo al Po: non è grande come il Reno ma è comunque il un fiume di tutto rispetto. Il ponte di legno sulla Via Emilia è stato fatto crollare: passare il fiume con carri e cavalli non sarà facile. Dall'altro lato del fiume vedo i soldati di Ezio. Hanno fatto delle fortificazioni a destra e a sinistra dei ruderi del ponte.

Mando degli esploratori per vedere se ci sono altri punti adatti per passare il fiume. Ce ne sono ma anche lì ci sono i soldati di Ezio. Ci sono torrette di avvistamento per un lungo tratto del Po. I soldati di Ezio sono molto meno numerosi dei nostri ma possono spostarsi con facilità, raggrupparsi e affrontarci da posizione favorevole appena cerchiamo di passare il fiume. Potremmo vincerli ma solo con gravi perdite. Con quali forze arriveremmo a Roma?

Non possiamo temporeggiare a lungo, ma quali solo le alternative? Spostandoci a ovest ci allontaneremmo da Roma e incontreremmo il grande fiume Ticino che sfocia nel Po. Spostandoci a est torneremmo sui nostri passi, ritrovando terra bruciata e città già saccheggiate. Tornato a *Mediolanum,* faccio ad Attila un rapporto dettagliato. Il re prende in fretta la sua decisione.

«Andremo a est, ma non per la stessa via per cui siamo passati. Seguiremo il corso del Po e passeremo il fiume tra Cremona e Mantova, dove lo riterremo più opportuno. Vedremo se quello *stultus* di Ezio proverà a fermarci.»

12

Anicio

Attila non ha passato il Po ma nemmeno intende lasciare l'Italia. Ha occupato Cremona. Quello che era un fiorente porto fluviale romano ora è diventato il nuovo quartier generale di Attila. Gli abitanti di Cremona sono quasi tutti fuggiti su barche dall'altro lato del Po ma non hanno distrutto tutte le altre barche e la chiatte sul fiume, come Ezio aveva ordinato. Attila ha occupato anche Mantova, con il suo porto fluviale.

Ora Attila ha i mezzi per passare il Po e riprendere la sua marcia verso Roma. Dall'altro lato del fiume ci siamo noi, l'esercito romano, anche se l'unico vero romano sono io. Anche gli italici armati sono pochi, per lo più abitanti della zona unitisi al nostro esercito per difendere le loro case. Il resto del nostro esercito è, come al solito, costituito da barbari, raccolti qua e là.

Ezio ha fatto fortificare la riva destra del Po, con torri di avvistamento, ma la zona da pattugliare è molto lunga. Gli unni potrebbero passare il fiume partendo da Cremona, Mantova o anche più a est. Se disperdiamo le nostre forza saremo facilmente sopraffatti.

Propongo a Ezio una missione di spionaggio. La fattoria di Ulfila sta dall'altro lato del fiume, tra Cremona e Mantova. L'unno potrebbe dare informazioni utili, a me e anche a papa Leone, se veramente verrà da queste parti. Ezio dà il suo consenso. Con un paio di barche e un pugno di uomini della zona passo il fiume e raggiungo la casa di Ulfila.

Il mio amico unno mi accoglie a braccia aperte. Non ci vedevamo da un paio di anni e abbiamo tante cose da raccontarci. Ulfila ora ha quattro figli. Ha permesso alla moglie di battezzarli ma lui rimane un libero pensatore. Da tanti anni fa solo il contadino ma non rimpiange i campi di battaglia. Ammette però che alcuni unni di Attila, ex commilitoni, sono stati a trovarlo. Si sono lasciati sfuggire preziose informazioni.

«Attila si trova ora ad *Ager Ambuleius*, un villaggio a est di Mantova. L'attacco principale oltre il Po partirà probabilmente da lì. Forse faranno anche altri sbarchi, nella zona di Cremona. Ho visto preparare delle zattere qui intorno. Non so se è solo un diversivo.»

«Come ti è sembrato il morale degli unni?»

«Ci sono molti mugugni. Nell'esercito di Attila ora gli unni sono in minoranza. Si lamentano per le troppe concessioni che il re fa al capo degli ostrogoti, un certo...»

«Theodomir?»

«Sì, Lo conosci?»

«L'ho conosciuto in Gallia. Non capisco come abbia potuto guadagnarsi il favore di Attila.»

«Non saprei. Comunque pare che Theodomir abbia suggerito ad Attila di venire a patti con i romani. Nell'esercito molti si sono ammalati e la prospettiva di una lunga estenuante marcia su Roma non alletta nessuno.»

A questo punto racconto a Ulfila del mio incontro con papa Leone. L'unno ascolta con interesse.

«Per me il vescovo di Roma non ha nessuna autorità e tantomeno l'avrà per Attila. Però il re è molto superstizioso. Un vecchio sacerdote che sappia dire le parole giuste potrebbe convincerlo a desistere dall'avanzata, soprattutto se ha già dei dubbi. Se il papa verrà, sarò lieto di dargli qualche suggerimento.»

Al mio ritorno oltre Po, Ezio apprezza molto le informazioni che gli ho portato. Fa spostare la maggior parte del suo esercito sul lato del fiume di fronte ad *Ager Ambuleius*, e fa fortificare per un lungo tratto la riva destra del fiume in quella zona. Ma basterà?

Mentre prepariamo le fortificazioni riceviamo un messaggio da Ravenna. Papa Leone sta per raggiungerci. Con lui una delegazione di cui fanno parte anche il *prefectus urbis* Trigezio e il console Avienno. Ripasso in fretta il Po per chiedere l'aiuto di Ulfila. L'unno accetta di seguirmi. Sua moglie è molto emozionata quando viene a sapere che il marito è stato convocato per una udienza privata dal papa.

All'arrivo di papa Leone, mandiamo un messaggio ad Attila chiedendo un incontro. L'unno risponde che vuole sentire parlare solo di resa ma accetta di incontrare una delegazione romana ad *Ager Ambuleius*. Nell'attesa, Leone e Ulfila hanno un lungo colloquio a cui nessuno ha il permesso di assistere. Il papa esce dal colloquio con aria soddisfatta. Ulfila si congeda.

«E' meglio che Attila non mi veda. Se venisse a sapere che vi ho aiutato potrebbe prendersela con la mia famiglia.»

«Ma che vi siete detti tu e il papa?»

«Leone mi ha fatto molte domande sulla religione degli unni. Io gli ho insegnato anche le formule che usano i nostri sacerdoti. Il papa è vecchio ma tutt'altro che rimbambito. Ha perfino imparato a memorie alcune parole in lingua unna.»

«Grazie per tutto quello che hai fatto per noi. Ti proporrò a Ezio per un premio.»

«Non c'è bisogno. E' stato un piacere conoscere quello strano vecchio. Mi ha anche regalato un crocefisso d'oro. Mia moglie ne sarà entusiasta. Per ricambiare, gli ho regalato un amuleto unno.»

Quando Leone parte per *Ager Ambuleius,* con Trigezio e Avienno, noto che il papa ha al collo, oltre a un crocefisso, anche l'amuleto di Ulfila. Vorrei andare con loro ma Ezio me lo proibisce.

«Tu mi servi qui. Ho bisogno di ogni uomo disponibile, se Attila ci attacca. Ho già detto al papa che va da Attila a suo rischio e pericolo.»

«Non è nello stile di Attila prendersela con un vecchio. Ma che faremo se gli unni riescono a passare il fiume?»

«Puoi pregare, se ci credi.»

Leone, Trigezio e Avienno tornano indenni sulla riva destra del Po. Leone evita di rispondere alle domande di Ezio dicendo che deve ritirarsi per pregare. Preghiamo tutti questa notte, ognuno il suo Dio. Io prego per questa Italia martoriata, che Cristo eviti all'Italia cispadana gli orrori che hanno subito i Veneti.

Il giorno dopo gli unni non attaccano. I nostri esploratori riferiscono che Attila ha dato l'ordine di tornare a Verona. Restiamo sulle nostre posizioni per paura di un tranello ma nei giorni successivi riceviamo notizie da Verona, da Padova, perfino dalle rovine di Aquileia. I fuggiaschi cominciano a ritornare nelle loro case. Attila ha lasciato l'Italia. E' finita!

«Quello che mi dà più fastidio è che adesso il papa si prenderà il merito di tutto.»

Ezio si lasca sfuggire queste parole mentre torniamo a Ravenna. Da bravo diplomatico, cerco di dare a lui almeno parte del merito.

«E' servita a qualcosa anche la nostra resistenza, la tua tattica di terra bruciata, la spossatezza degli unni...»

«Sì. E anche l'oro che hanno portato da Roma!»

Questo non lo sapevo!

«Non con l'oro ma con il ferro si riscatta la patria! Non si diceva così?»

«Così ha scritto Tito Livio! Ma sono sicuro che i Galli l'oro lo hanno avuto. Poi però gli antichi romani se lo sono ripreso con gli interessi. Hanno sconfitto e dominato i Galli. Noi faremo lo stesso con gli Unni.»

Vorrei tanto poterlo credere!

Nel palazzo di Attila, in Pannonia, è in corso il banchetto per il matrimonio del re con la sua ultima moglie, la giovane e bella Krimhilda, Tutti fanno gli auguri ad Attila. L'unica a non nascondere il suo disappunto è la prima moglie del re, la bella ma non più giovanissima Gudrun.

Tra gli invitati naturalmente ci sono anch'io, insieme ad Andag e ad altri ufficiali ostrogoti. C'è anche Peng che ha voluto cucinare lui stesso alcuni piatti della sua terra tra cui la famosa anatra laccata. Attila, seduto ostentatamente tra Krimhilda e Gudrun, sta per assaggiare l'anitra. Il momento è arrivato...

La settimana prima del matrimonio avevo convocato una riunione con i miei più fidati commilitoni ostrogoti.

«Come sapete, Attila ora ha intenzione di muovere contro Costantinopoli. Io non penso che sia una buona idea. E voi?»

Risponde Andag per tutti.

«E' una pazzia! Già in Italia quel prete ci ha salvato da un disastro. Costantinopoli è molto meglio difesa di Roma. L'impero romano d'oriente è più saldo di quello di occidente.»

«Appunto! Ma il punto è un altro. Perché noi goti dobbiamo continuare a combattere per gli unni? Perché non possiamo avere una nostra terra e un nostro re?»

«Sai benissimo perché. Attila per gli unni è come un dio. Chiunque osasse opporsi a lui sarebbe immediatamente eliminato. Anche Gepidi, Sciti e gli altri popoli dell'impero unno si unirebbero contro noi goti se osassimo ribellarci.»

«Questo è vero, finché Attila è vivo! Ma nessuno dei suoi figli ha il carisma del padre. Alla morte di Attila, Ellak litigherà con i suoi fratelli e gli unni si schiereranno con l'uno o con l'altro. Tutti i popoli soggetti si ribelleranno. E noi per primi.»

C'è un attimo di silenzio. Poi Andag osa dire.

«Attila è in ottima salute. Potrebbe vivere ancora a lungo, a meno che... Ci stai proponendo un regicidio?»

«Non esattamente. Nessuno di noi dovrà sporcarsi le mani. All'i-

nizio avevo pensato a Peng ma è troppo pauroso. No. Faremo fare tutto a Gudrun!»
Avevo avuto occasione di parlare con Gudrun. Attila aveva avuto molte altre amanti ma mai aveva osato umiliarla pubblicamente sposando con grande sfarzo un'altra donna. Mi aveva chiesto lei stessa di aiutarla a vendicare il suo onore. Era pronta anche a seguire il marito nell'oltretomba se necessario. In tal caso...
Andag accetta di collaborare. Trova un ragazzo di sua fiducia e fa in modo di introdurlo tra il personale di servizio del palazzo. E' lui che porta in tavola l'anatra e i coltelli speciali per tagliarla. Insieme ai coltelli porta un lungo e affilatissimo pugnale che passa di nascosto a Gudrun.

Attila apprezza il gusto delicato dell'anatra. Ne porge un pezzo a Krimhilda. Poi fa una smorfia toccandosi la spalla.
«Questo maledetto mal di schiena!»
Gudrun ha infilato il pugnale nella schiena del marito ma il re non se n'è nemmeno accorto. Quando la donna lo estrae esce pochissimo sangue. Il re continua a mangiare l'anatra e fa i suoi complimenti a Peng.
Improvvisamente al re comincia a uscire sangue dal naso. Krimhilda grida. Tutti vanno intorno al re. Tutti tranne Gudrun che, con il pugnale ancora in mano, si dirige verso la finestra. Davanti al davanzale si punta il pugnale al petto, ma esita. Non esita invece il ragazzo che le ha dato il pugnale: raggiunge la donna e la spinge contro il muro in modo che la lama le entri dentro tutta. Gli uomini che stanno attorno ad Attila morente non si accorgono di nulla.

I tre figli di Attila decidono di attribuire ufficialmente la morte del re a cause naturali. In segno di lutto si fanno tagliare i capelli e si sfregiano addirittura con le spade. L'erede designato è Ellak ma Dengizico ed Ernakh sono decisi a contendergli il trono. In attesa della resa dei conti, il corpo di Attila è rinchiuso in un triplo sarcofago d'oro, argento e ferro. Il luogo della sua sepoltura sarà tenuto segreto ma sono sicuro che, prima o poi, qualcuno lo troverà: prenderà l'oro e l'argento e getterà i resti di Attila agli avvoltoi, come merita.
Dopo il funerale noi ostrogoti ci riuniamo a casa mia per decidere il

da farsi. Ci troviamo d'accordo ad aspettare che le ostilità tra i figli di Attila sfocino in guerra, prima di decidere con chi schierarci. Alla riunione partecipa anche il ragazzo che ha dato a Gudrun l'arma del delitto e ha impedito alla donna di parlare. Mentre gli altri lasciano la stanza il ragazzo chiede di parlarmi in privato.
«Meriti una ricompensa, ragazzo. Come ti chiami?»
«Valamir!»
«Bel nome!»
«Era il nome di mio padre zietto! Lo hai ucciso prima che io nascessi. Mia madre mi ha cresciuto nel suo ricordo e ora finalmente ho l'occasione di vendicarlo.»
Prima che me ne renda conto mi ritrovo una lama nel petto. Penso al piccolo Teodorico, che forse non rivedrà più suo padre, e anche a mio fratello, che mi aspetta tra le fauci di Fenrir...

14
Anicio

Nell'Anno 1207 Ab Urbe Condita, ventinovesimo del regno dell'imperatore Valentiniano, le frontiere dell'impero romano d'occidente sembrano tranquille. Attila è morto. Il suo impero si è sfaldato in pochi mesi. Gli unni non sono più un pericolo per Roma. L'anno scorso è morto anche Torismundo, re dei Visigoti. Il suo successore Teodorico II sembra meglio disposto verso Roma dei suoi predecessori.

Sui Franchi nella Gallia Belgica regna re Meroveo ma il Maestro di Palazzo è sempre Sidonio. Mio cognato continua a essermi amico anche dopo che la povera Ingrid è morta dando alla luce il mio ultimo figlio, morto con lei.

In Africa i Vandali sono sempre minacciosi ma sono in corso trattative tra Roma e Costantinopoli per liberarsi definitivamente di loro. Insomma apparentemente tutto va bene. Apparentemente...

Il *magister militum* Flavio Ezio, nell'ultimo anno, ha combattuto più contro i suoi nemici alla corte di Ravenna che contro i barbari. Oggi però ha ricevuto una bella notizia: l'imperatore ha accettato di fare sposare sua figlia Placidia con suo figlio Gaudenzio.

«Vorrei tanto avere avuto prima dei figli! Gaudenzio ha solo quindici anni e io più di sessanta. Devo restare *magister militum* almeno qualche altro anno per proteggerlo.»

Con Ezio ormai posso parlare francamente.

«Ti conosco abbastanza da sapere che non hai nessuna voglia di ritirarti. L'impero ha ancora bisogno di te.»

«Lo so. Ma alcuni pensano che non ci sia bisogno di un *magister militum* con pieni poteri ora che non c'è più la minaccia unna. Questo matrimonio è una garanzia anche per me.»

«Auguri agli sposi allora! Quando.ci sarà il lieto evento?»

«L'imperatore non ha voluto fissare ancora una data. Non ho insistito per non contrariarlo ma non vorrei che cambiasse idea.»

«Vuoi che ci parli io?»

«Non osavo chiedertelo.»

Per chiedere una udienza con l'imperatore ora bisogna rivolgersi a Eraclio, il *primicerius sacri cubiculi*, un eunuco che è capo di tutti i servitori dell'Imperatore, nei suoi appartamenti.

Io non mi sono mai sentito a mio agio con gli eunuchi. Alcuni sono fin troppo gentili, soprattutto con i maschi di bell'aspetto. Altri cercano di compensare le palle che non hanno con una spavalda arroganza. Eraclio appartiene a quest'ultima categoria. Mi fa attendere molto tempo prima di ammettermi alla presenza dell'imperatore. Si allontana solo quando Valentiniano gli chiede espressamente di lasciarci soli.

Incomincio facendo all'imperatore le felicitazioni per il matrimonio di sua figlia. Valentiniano mi ascolta visibilmente seccato .

«Così hai già parlato con Ezio. Ho dovuto promettergli quello che mi chiedeva per togliermelo di torno. Mia figlia ha solo 14 anni. Io ho 35 anni. Finora ho regnato sempre sotto tutela. Non sarebbe ora che faccia l'imperatore sul serio?»»

«Ezio non ti hai mai impedito di fare l'imperatore. Ha solo difeso per te le frontiere dell'impero.»

«Con Attila, Ezio ha fatto gravi errori. Perché dovrei nominare mio erede proprio suo figlio? Non potrei adottare qualcun altro? Magari tuo figlio Lucio?»

«Ti ringrazio per l'onore che mi fai, ma io non saprei difendere l'impero come Ezio. Gaudenzio prima o poi ti farà nonno e i prossimi imperatori avranno il tuo sangue.»

Valentiniano annuisce ma non mi sembra molto convinto. Mi congeda frettolosamente.

Pochi giorni dopo viene a trovarmi Petronio Massimo, un mio lontano cugino. Massimo è il più autorevole dei senatori. Vive a Roma ma si fa vedere spesso a Ravenna. Ogni tanto viene a farmi una visita ma stavolta mi fa un discorso che non mi piace affatto.

«Certo che abbiamo proprio un bell'imperatore! Fa gestire gli affari di stato a un *magister militum* barbaro e lui è buono solo a poltrire e a sedurre le mogli degli altri!»

«Non dovresti dirmi queste cose. Valentiniano per me non è solo l'imperatore. E' anche un amico.»

«Bell'amico! Si scopava pure tua moglie!»

«Come osi anche mettere in dubbio l'onestà di una donna morta?»
«Quale dubbio? Lo sapevano tutti. Magari a te faceva comodo ma io non posso sopportare che a mia moglie si manchi di rispetto.»
«Allora è tua moglie che Valentiniano ha sedotto. Cerchi appoggio da me facendomi credere che stiamo nella stessa situazione?»
«No caro! Tu le corna te le sei tenute ma io non posso tollerare che quel *cunnus* si prenda mia moglie approfittando del suo potere. La moglie di Massimo deve essere immune da ogni sospetto!»
«Allora ripudiala, come fece Cesare. Ma non cogliere questo pretesto per un colpo di stato. Non ti denuncio perché siamo parenti, ma non farti più vedere!»
Massimo lascia la mia casa con un sorrisetto ironico. Quale è stato lo scopo della sua visita? Se voleva minare la mia amicizia con l'imperatore mettendomi dei dubbi... c'è perfettamente riuscito!
La moglie di Massimo è uno *scortum*. Valentiniano non avrebbe fatto nessuna fatica a portarla a letto. Ha civettato pure con me! Possibile che il marito lo abbia scoperto solo adesso? Il marito è sempre l'ultimo a saperlo... ma Ingrid!
Ho sempre creduto che Ingrid fosse diversa: una brava *matrona* che tollerava anche piccole infedeltà del marito. Come dicevo a Giovanna d'Orleans per gli uomini è diverso. Una moglie tradita avrà sempre la certezza che i figli sono suoi. Un marito no!
Da quando Ingrid è morta i mie figli sono accuditi da una schiava africana. Questa sera passo un po' di tempo giocando con loro e, intanto, li guardo attentamente. Anicilla è bella come la madre ma assomiglia anche a me. Lucio... non saprei. Non mi assomiglia molto ma non assomiglia nemmeno a Valentiniano... mi pare! Ma allora perché l'imperatore diceva che quasi lo voleva adottare? Cerco di non pensarci. Io amo Anicilla e Lucio. Sono figli miei in ogni caso.

Nei giorni successivi vedo spesso Massimo al palazzo reale. Una volta l'ho visto anche confabulare con Eraclio, l'eunuco. Appena mi hanno visto hanno smesso di parlare. Giurerei che Eraclio sta sempre a origliare e ha riferito a Massimo il mio colloquio con Valentiniano. Quando Ezio mi manda a chiamare, gli riferisco il mio incontro con Valentiniano ma non quello con Massimo. Ezio ascolta attentamente.

«Ti ringrazio per il tuo aiuto. Ora devi partire per Costantinopoli. Mi farai sapere se l'imperatore di Oriente vuole veramente aiutarci contro i Vandali.»

«E' un grande onore! Ma perché mandi proprio me? Io parlo male il greco e ho sempre combattuto in Gallia e in Spagna.»

«Sarò franco. Ho paura che ti sei esposto troppo per me. Cambiare aria per un po' ti farà bene! E' stato proprio l'imperatore che ha proposto di mandare te.»

Avevo sempre desiderato di vedere Costantinopoli, la Nova Roma, ma ora parto pieno di inquietudini. Per la prima volta decido di portarmi appresso i miei figli. Sono preoccupato soprattutto per Lucio. Non credo che sia figlio di Valentiniano ma il fatto stesso che qualcuno possa sospettarlo lo mette in pericolo.

Da Ravenna a Costantinopoli il viaggio è lungo, anche perché la mia nave fa parecchie soste in Illiria e Grecia. La sosta più lunga è ad Atene dove visito il Partenone trasformato in chiesa. Atene mi colpisce molto ma non è niente rispetto a Costantinopoli. E' stata costruita a modello dell'Urbe ma, a differenza di Roma, è una città piena di vita, con le sue mura inviolate. I barbari premono da Nord ma l'imperatore Marciano e riuscito a boccarli. Tanti barbari militano nell'esercito greco ma non ne hanno mai preso il controllo, come a occidente. Mi colpisce molto anche il porto, pieno di navi mercantili e militari: proprio la flotta di cui avremmo bisogno per cacciare i Vandali da Cartagine.

Infine sono ricevuto dall'imperatore Marciano, che ha la cortesia di parlarmi in latino. Il colloquio prende subito una piega che non mi aspettavo.

«Quando sei partito da Ravenna?»

«Erano le Idi di Settembre. La mia nave si è dovuta fermare in alcuni porti per scaricare merci.»

«Capisco. Noi abbiamo una nave più veloce per portare messaggi tra Ravenna e Costantinopoli. E' arrivata tre giorni fa e ci ha portato pessime notizie.»

Fa una pausa e aggiunge.

«Il *magister militum* Ezio è morto. Lo ha ucciso l'imperatore Valentiniano con le sue stesse mani.»

«Ma è assurdo!»

«E 'quello che ho pensato anch'io. Quel *cunnus* di mio cugino ha tagliato la sua mano destra con la sinistra.»

Sono sconvolto ma cerco di mantenere il controllo.

«Immagino che questa notizia avrà conseguenze per quella che era la mia missione. Siete ancora disposto a mandare le vostre navi contro di Vandali?»

«Per ora no. Ezio aveva molti difetti ma per tanti anni ha difeso l'impero di occidente contro i tutti i nemici esterni e interni. Chi prenderà il suo posto? Come se la caverà Valentiniano senza di lui?»

«Francamente non lo so. Chiedo il permesso di tornare in Italia con la prima nave disponibile.»

«Permesso accordato. Domani partirà una nave per Napoli. So che Valentiniano aveva molta fiducia in te. Cerca di farlo ragionare!»

Quando arrivo a Napoli scopro che la situazione è cambiata di nuovo. Valentiniano è stato assassinato e Petronio Massimo si è fatto proclamare imperatore.

Con Massimo imperatore non mi sento al sicuro né a Ravenna né a Roma. Decido di vendere la *Domus Anicia* per comprare una villa sulla collina di Posillipo. E' il più grande affare della mia vita. Meno di un mese dopo, a Roma arrivano i Vandali. Neanche la casa dei miei avi viene risparmiata.

Petronio Massino, il colpevole di tutto, è linciato dai romani dopo avere regnato per poco più di un mese. Al suo posto è nominato imperatore il mio vecchio amico Alvito. Quanto durerà?

Avito è un brava persona ma non so se avrà la forza di imporsi a *magister militum* più giovani come Maggiorano o Ricimero.

Non voglio più tornare a Roma. Nemmeno a Napoli mi sento al sicuro. Nessuno, in quello che è rimasto dell'impero romano d'occidente, è più al sicuro.

Da Sidonio Ennino a Marco Anicio: *Si vos valetis nos valemus.*
Dopo l'*epistula* che, tanti anni fa, lasciai a Ludovico ho scritto altre lettere ma con questa devo deludere di nuovo un amico.

Non sono più Henning, il ragazzo pauroso che gli Juti trattavano come uno schiavetto. E nemmeno il ragazzo che Ludovico ha istruito e, a suo modo, ha amato. Ora sono il Maestro di Palazzo del re dei Franchi e, in questa qualità, l'imperatore Avito mi ha mi ha chiesto di collaborare con Egidio, il *magister militum per Gallias* che governa quello che rimane della Gallia Romana.

Tu sai che io sono, per i miei genitori, mezzo franco e mezzo romano. Ora sarò franco: ho deciso di essere Franco. Come Maestro di Palazzo di re Meroveo farò solo gli interessi dei Franchi, anche contro quelli che si dicono romani.

Con Egidio non sono mai riuscito ad andare d'accordo. Lui governa quello che è rimasto della Gallia romana come se fosse sua, ignorando anche le direttive di Avito. Si rifiuta di consegnarci Lutetia, anzi Paris, che solo i Franchi hanno salvato da Attilla. Ma io so che prima o poi Paris sarà nostra. Cacceremo via dalla Gallia anche Visigoti, Alani e Burgundi. Un giorno la Gallia sarà chiamata Francia.

Meroveo non è un gran re ma almeno si lascia consigliare. Forse i Merovingi saranno chiamati i re fannulloni e i miei figli, Pipino e Carlo, e poi i mie nipoti, continueranno a governare per loro.

Magari un giorno ci espanderemo anche oltre il canale che ci divide dalla Britannia...

A proposito: ho ritrovato Olaf, il mio fratello Juto. Era fuggito in Britannia con mia madre e le altre mie sorelle. Mi ha detto che sta combattendo insieme ad Angli e Sassoni contro un re che si proclama romano, un certo *Artorius.*

Se hai ancora confidenza con Avito, consiglialo di lasciare stare la Gallia, come è stato fatto per la Britannia, e di cercare di salvare almeno l'Italia.

Mando questa *epistula* al tuo indirizzo di Napoli. Non so quanto ci impiegherà ad arrivare ma sappi che ti sono e ti sarò sempre amico. *Cura ut valeas!*

PARTE TERZA

La fine
(467-476 D.C.)

1

Lucio

Quando il *magister militum* Maggiorano fece uccidere Alvito per diventare imperatore, mio padre temette per la propria vita e per la mia. Scrisse a Leone, l'imperatore d'Oriente, offrendogli i suoi servigi. Poco dopo ricevette un invito a Costantinopoli.

Io sono partito con lui. Mi sorella Anicilla è venuta a salutarci al porto di Napoli. E' sposata con un ricco imprenditore napoletano e ha voluto chiamare Lucio il suo primo figlio. Era l'anno 1210 A.U.C., sedicesimo della mia vita.

Oggi, None di Agosto dell'anno 1220 A.U.C., ho mandato a mia sorella una *epistula* annunciandole l'improvvisa morte di nostro padre. Per mia sorella sicuramente sarà una notizia triste, ma lei ha un marito che l'adora, sette figli e una vita serena a Napoli. Per me è più di un dramma, ma non perché amavo mio padre più di lei.

La vita a Costantinopoli non è facile. Mio padre, con la sua innata diplomazia, era riuscito a farsi benvolere dall'imperatore che l'aveva introdotto nei ranghi dell'esercito romano d'oriente: un esercito in cui l'unico romano era mio padre e che aveva come *magister militum* Ardaburio Aspare, un alano!

Guardando il volto di mio padre, nella bara, penso che Aspare potrebbe avere avuto a che fare con la sua morte. Il medico ha parlato di collasso cardiaco ma mio padre aveva cinquant'anni e una buona salute. La corte di Costantinopoli è piena di veleni, e non solo in senso metaforico.

L'unico amico che mio padre aveva a Costantinopoli era Antemio Procopio, forse perché anche lui univa nobiltà di nascita a nobiltà d'animo. Avevano combattuto insieme in Tracia contro unni e ostrogoti. All'ultima campagna avevo partecipato anch'io. Mio padre, Artemio ed io eravamo entrati trionfalmente a *Serdica*, dopo una sanguinosa battaglia. Per la prima volta, la sera, avevo potuto festeggiare con mio padre come compagni d'arme e di bevute. E' stata l'ultima!

Al funerale di Marco Anicio Massimo tanti mi fanno le condoglianze. Si fa vedere anche l'imperatore Leone ma l'unico che mi abbraccia con affetto è Antemio, che mi sussurra all'orecchio.

«Vieni a trovarmi domani mattina. Sai dove abito. Attento a non farti notare!»

La casa di Antemio è un bellissimo palazzo con vista sul Corno d'Oro. Busso alla porta poco dopo l'alba. Mi apre uno schiavo indiano che mi fa passare in un salotto riccamente arredato. Artemio mi raggiunge avvolto in una preziosa tunica da camera. Ha ancora un bel fisico, per i suoi 45 anni.

«*Kalimera*! Hai già fatto colazione?»

Avevo già preso a casa un po' di pane e formaggio, ma faccio compagnia ad Antemio, abituato a una colazione molto più ricca: pane intinto in vino dolcificato, olive, miele, focaccette e frutta. Di alcuni frutti in tavola, provenienti da località remote, non conosco nemmeno il nome. Infine Antemio viene al punto.

«Sto per partire per Roma. Ti voglio con me.»

«Sarò molto lieto di accompagnarti. Ma che vai a fare a Roma?

«L'imperatore!»

«Congratulazioni! Dimmi tutto!»

Mi sono sempre tenuto al corrente delle vicende dell'impero romano d'occidente. Dopo avere ucciso l'imperatore Maggiorano, il *magister militum* Ricimero aveva fatto eleggere imperatore Libio Severo Serpenzio, un oscuro senatore disposto a fare l'imperatore fantoccio. Dopo la morte di Libio Severo i romani non riuscivano a scegliere un successore. Infine l'imperatore d'Oriente ha scelto per loro Antemio, che ha accettato con molte riserve.

«Io ho nobili origini e buone referenze militari ma non sono ben visto alla corte di Costantinopoli. Se vado ad occidente l'imperatore Leone e il *magister militum* Aspare tireranno un sospiro di sollievo. Ma io sono un greco. Un romano come te potrebbe aiutarmi molto nei rapporti con il Senato.»

«Ti aiuterò come posso. Ma il *magister militum* Ricimero accetterà un imperatore imposto da oriente?»

«Ha già accettato. Ricimero e Leone hanno deciso di allearsi contro i Vandali di re Genserico. Noi andremo a Roma con un esercito che si unirà a quello di Ricimero. Leone manderà la sua flotta. Cartagine tornerà romana!»

«Abbiamo una bella impresa davanti. Ma guardati da Ricimero! E' un barbaro mezzo visigoto e mezzo svevo!»

«Lo so. Roma e Ravenna sono nidi di vipere. Ma Costantinopoli non è molto meglio.»

Sarà bello tornare in Italia, dopo tanti anni. A Costantinopoli non lascio nessuno, tranne Aspasia, una etera che talvolta me l'ha data gratis, e il giovane Armodio. A Costantinopoli ho preso anche il vizio greco.

Ho conosciuto Armodio in un *Gymnasion* dove, come dice il nome, si fanno esercizi atletici nudi. Mi limitavo a fare un po'di esercizi fino a quando Armodio si è avvicinato a me con la scusa di chiedermi spiegazioni su un mio attrezzo, l'attrezzo che lui subito ha preso in mano...

Armodio ha sedici anni ed è il più bel ragazzo del *Gymnasion*. Peccato che sia anche il figlio del *magister militum* Aspare. I greci sono degli ipocriti: sbavano per i figli degli altri ma guai se tocchi i figli loro!

La sera invito Armodio nel mio letto per l'ultima volta.

«Mi mancherai. Tu sei stato il mio unico ragazzo.»

«Tu sei stato il mio unico romano. Mi mancherà la tua *mentula*.»

Per una volta lascio dormire Armodio da me, lasciando a lui l'onere di inventarsi una scusa con il padre, il giorno dopo. Ci coccoliamo per tutta la notte.

La mattina dopo scrivo una lettera a mio Zio Sidonio, Maestro di Palazzo del re dei Franchi. Non l'ho mai conosciuto ma mio padre mi ha parlato molto di lui. Avrò preso dai miei zii certe inclinazioni? Nella mia lettera comunico a mio zio la morte di mio padre e la mia partenza per Roma. Non credo che andrò mai nel regno dei Franchi ma è meglio lasciarsi una porta aperta.

2

Valamiro

Dopo la morte di Attila, gli ostrogoti si sono finalmente ribellati agli unni formando un loro regno. Io non ho potuto restare con loro. Tutto perché non ho piantato abbastanza profondo il mio pugnale nel petto di zio Theodomir. Sono scappato via troppo in fretta. I suoi servi lo hanno portato da un medico che lo ha salvato.

Andag, mio complice, sperava di diventare re degli ostrogoti al posto di mio zio. Ha provato a proclamarsi innocente ma Theodomir lo ha fatto uccidere dopo un giudizio sommario del suo clan. Io sono stato condannato in contumacia perché avevo fatto in tempo a scappare. Solo, condannato a morte dal mio stesso popolo, ho passato il Danubio entrando in quello che resta dell'impero romano. Sopravvivendo con piccoli furti, ho raggiunto l'Italia dove erano ancora fresche le tracce del passaggio di Attila. Nei pressi di Padova ho incontrato una legione. Nel mio cattivo latino mi sono rivolto all'uomo meglio armato e vestito.

«Ave! Vorrei parlare non il *magister militum* Ezio.»

L'uomo ha sorriso.

«Sei male informato ragazzo. Ezio è morto molto tempo fa. Come ti chiami?»

«Mi chiamo Valamir e voglio arruolarmi in una legione. Chi è il nuovo *magister militum*? »

«Il più importante è Ricimero.»

«Dove posso trovare Ricimero?»

«Ce l'hai davanti!»

Ricimero mi ha preso subito in simpatia. Mi ha fatto molte domande in lingua gota e ho finito per raccontargli tutta la mia storia. Mi ha fatto fare alcuni esercizi con la spada e mi ha ammesso nella sua guardia personale. Mi ha dato una sola ammonizione.

«Sei molto giovane ma hai grandi potenzialità. Devi solo imparare bene il latino! Da oggi ti farai chiamare Valamiro.»

Da allora ho seguito Ricimero in tutte le sue battaglie. L'ho aiutato a liquidare prima l'imperatore Avito e poi l'imperatore Maggiorano. Negli ultimi anni Ricimero è stato l'uomo più potente dell'impero. Nessuno ha osato contestarlo... fino a oggi.

Alle terme di Caracalla, Ricimero cerca di dissimulare il nervosismo immergendosi nella vasca del *calidarium*. Io rimando ai bordi della vasca, avvolto in un *mantele*. Io mi sarei già spostato al *tepidarium* ma devo aspettare che si decida a farlo prima il mio capo. Gli dico quello che vuole sentirsi dire.

«Non credo che questo Antemio abbia veramente i requisiti per fare l'imperatore. Nessuno può governare quello che resta dell'impero senza di te. Un greco poi...»

«Forse, ma questo è accompagnato da un vero romano: un Anicio!»

«Questo Anicio te lo posso togliere di mezzo quando vuoi, senza lasciare tracce.»

«Grazie Valamiro, ogni cosa a suo tempo!»

Da molto tempo sono l'uomo di fiducia di Ricimero. Sono anche quello che fa sempre per lui i lavori sporchi. Dieci anni dopo il mio arrivo come profugo in Italia, ero diventato la seconda persona più autorevole dell'impero. Almeno fino a quando sono arrivati quei due!

Entra una guardia.

«Nel *tepidarium* sta entrando il senatore Lucio Anicio Massimo. Lo lascio passare o lo blocco?»

Lupus in fabula! Ricimero risponde prima di me.

«Le terme sono pubbliche ma io non ho nessuna intenzione di parlare con quel *cunnus*. Vai tu Valamiro! E poi raccontami tutto!»

Almeno posso uscire da questo *calidarium* infernale! Anche se ora devo sorbirmi una ipocrita conversazione con uno stupido patrizio romano che finora ho incontrato solo in cerimonie ufficiali.

Entrando nel *tepidarium*, vedo Lucio immerso nella vasca. Nudo non è molto diverso da me. Abbiamo circa la stessa età e altezza, fisico asciutto e muscoloso. Come *mentula* ce la battiamo.

«*Ave*, Lucio Anicio!»

«*Ave*, Valamiro!»

Poggio il mio *mantele* su un banco ed entro nudo nella vasca. Nel *tepidarium* ci siamo solo noi due. Questa zona delle terme è stata fatta chiudere da Ricimero ai non autorizzati. Lucio non tarda a chiarire il motivo della sua visita.

«Abbiamo incominciato male Valamiro! Dobbiamo fare qualcosa prima che i nostri capi si ammazzino.»

«Pensi che questo sia il posto più adatto per parlarne, Lucio Anicio?»

«Perché no? Chiamami solo Lucio. Questo è uno dei pochi posti dell'antica Roma che ancora funziona. Qui politici e commercianti parlavano di affari. E noi abbiamo un affare molto grosso, oltre quello che abbiamo tra le gambe.»

Non riesco a trattenere un sorriso.

«Sei un bel tipo Lucio! Nudi ci assomigliamo ma non potremmo essere più diversi. Tu sei un patrizio romano e hai vissuto sempre tra gli agi. Io non ho nemmeno avuto un padre e pure i goti mi hanno bandito. Tutto ciò che ho lo devo a Ricimero. Morirei per lui.»

«Vivere non è meglio? Tu sai quello che è successo quando Valentiniano cominciò a sospettare di Ezio, il suo *magister militum*. Non dovremmo cercare di evitarlo?»

«E come potremmo farlo? Da quando si sono incontrati la prima volta, alle porte di Roma, Antemio e Ricimero si sono sempre guardati in cagnesco. Poi i discorsi in Senato, le cerimonie ufficiali... tutto solo per sottolineare che voi siete romani e noi i barbari.»

«Me ne sono reso conto. Per questo ho suggerito ad Antemio di fare sposare sua figlia Alipia con Ricimero. Questo farà di lui un romano anche davanti al Senato. Una volta che siamo uniti potremmo fare fronte comune contro i veri barbari, come i vandali di Genserico.»

«Un'alleanza matrimoniale? Posso parlarne con il mio capo. Ma Alipia è giovanissima e cattolica. Ricimero è un uomo maturo, barbaro e per giunta ariano. Può funzionare?»

«Pompeo sposò la figlia di Cesare in circostanze simili. Finché Giulia visse l'alleanza funzionò. Se c'è la convenienza politica il resto non conta.»

«Io sono un barbaro ignorante ma capisco che un'alleanza tra i nostri capi sarebbe conveniente, almeno finché non riusciamo a liquidare Genserico e i suoi vandali.»

«Tu non sei un barbaro, Valamiro, almeno non nel senso spregiativo del termine. Hai imparato bene il latino. Adesso permetti che mi rilasso un poco nella vasca? Puoi restare con me se vuoi.»

«Resterò. Anch'io ho bisogno di rilassarmi. Non capisco come faccia Ricimero a resistere tanto tempo nel *calidarium*. Forse perché è una testa calda?»

Ridiamo insieme. Mai avrei immaginato di potere diventare amico di un romano.

Un mese dopo, al matrimonio di Ricimero con Alipia, romani e barbari banchettano insieme.
Brindiamo agli sposi, alla vendetta sui Vandali e al ritorno dell'Urbe agli antichi fasti. Ricimero e Antemio si scambiano abbracci e pacche sulle spalle. Solo la piccola Alipia ha un'aria smarrita, ma lei non conta!
Lucio mi fa un cenno d'intesa che ricambio. Più tardi beviamo insieme in una *taberna* sull'Esquilino dove si trova il miglior Falerno della Campania. Al piano di sopra c'è uno dei *lupanares* più rinomati. E' bello stare a Roma, avendo le conoscenze giuste.

La nostra spedizione contro i Vandali in Africa è fallita miseramente. La flotta venuta da Costantinopoli era comandata da un tal Basilisco, scelto forse dall'imperatore Leone solo perché era suo cognato.

Basilisco aveva fatto gettare l'ancora della flotta greca al largo del *promontorium Mercurii*, non lontano da Cartagine, intimando a re Genserico la resa. Genserico aveva chiesto cinque giorni per formulare una proposta di pace e Basilisco stupidamente aveva accettato. Quattro giorni dopo, la flotta vandala raccolta da Genserico attaccò di sorpresa le navi greche mandando avanti navi imbottite di materiale incendiario. Solo pochi navi si salvarono tra cui, sfortunatamente, quella di Basilisco.

Io ricevo la ferale notizia nell'anfiteatro di *Taparura*, alla fine del grande spettacolo organizzato dai romani d'Africa in onore dei greci che cercavano di raggiungere Cartagine, via terra. Il comandante Eraclio decide di iniziare immediatamente la ritirata.

«Prendere Cartagine senza flotta è impossibile. Noi greci ci ritireremo lungo la costa fino a *Leptis Magna*.»

«E noi romani?»

«Potete venire con noi. Oppure arrangiatevi!»

Io ero tra i pochi romani che si erano uniti ai greci. L'esercito romano, comandato dal *magister militum* Marcellino, avrebbe dovuto sbarcare nei pressi di Cartagine ma la disfatta di Basilisco ha reso vana ogni speranza di riconquistare l'Africa. Adesso Marcellino è in Sicilia e non manderà mai una nave a prendermi. Se non voglio fare una lunghissima marcia nel deserto con Eraclio devo trovare io una nave per raggiungerlo.

Nel porto di *Taparura* sono rimaste ben poche navi nella condizione di prendere subito il mare. Infine decido di requisire un peschereccio, promettendo al proprietario che la nave gli sarebbe stata restituita appena mi avesse portato in Sicilia. Salgo sul battello portandomi appresso solo due guardie. Il resto dell'equipaggio è costituito da pescatori africani.

Quando partiamo il tempo sembra buono ma, quando siamo circa
a metà strada, si preannuncia una tempesta. Il capitano cerca riparo
nella vicina isola di Lampedusa.
«Un tempo nell'isola c'era uno stabilimento per la produzione del
garum ma ormai nessuno vive a Lampedusa.»
«Ma vedo che un'altra nave ha attraccato nel porto. Chi sono quelli
che ci vengono incontro?»
 Il capitano mi mette un pugnale alla gola.
«Pirati vandali, romano di merda! Se sei importante come dici, pagheranno un bel riscatto per te!»

A Cartagine sono rinchiuso nelle carceri per gli ospiti ricchi... figuriamoci le altre! Invano chiedo udienza a re Genserico. Dopo giorni
di attesa ricevo la visita di un romano che dice di essere mio parente:
si presenta come Anicio Olibrio.
«Così tu sei Lucio! Una volta tuo padre mi ha parlato di te.»
«In che modo siamo parenti?»
«Molto alla lontana. Ci sono molti rami della *gens* Anicia e conoscevo appena tuo padre.»
«Come mai sei qui? Ti manda l'imperatore?»
«No. Sono venuto a Cartagine per convincere Genserico a fare la
pace con greci e romani. Quando ho saputo che era stato catturato
un Anicio ho chiesto di vederti.»
«Puoi farmi liberare?»
«Sei sempre un Anicio! Farò quello che posso!»
Passano lunghi giorni, mesi, ho perso il conto. Nela mia cella passano
vari personaggi: greci, romani e africani. Alcuni sono liberati dopo
che è stato pagato il riscatto. Altri semplicemente spariscono. Sto
per perdere ogni speranza quando ricevo un'altra visita: è Valamiro!
«Sei libero, Lucio! Antemio ha pagato il tuo riscatto ma è stata una
lunga trattativa.»
«Anicio Olibrio ha interceduto per me?»
«Ha solo fatto sapere che eri qui. E poi ha preteso pure una percentuale sul riscatto»
«Che *Stercus!*»
«E' la parola latina che più gli si adatta. Sai che pretendeva pure
di diventare imperatore? Solo perché ha sposato Placidia, figlia di

Valentiniano.»
«Quella che avrebbe dovuto sposare il figlio di Ezio?»
«Proprio lei. Ma parleremo meglio alle terme. Puzzi come un maiale!»

Alle terme di Cartagine, Valamiro si fa riservare un settore per noi. Ci fa portare anche qualcosa da mangiare che divoro in pochi minuti. Solo dopo che mi sono rifocillato Valamiro si decide a parlare di "affari." .
«Abbiamo sentito la tua mancanza. Senza di te Artemio è fuori controllo.»
«Che ha combinato?»
«Per rifarsi dei soldi buttati via in Africa, ha concesso il titolo di *patricius* a cani e porci: bastava che pagassero! Ha fatto senatori delle nullità! Non contento, ha messo a capo dell'esercito della Gallia suo figlio Antemiolo, un ragazzo ignorante!»
«Mi racconterai tutti i dettagli nella nave. Ma intento permetti che mi rilassi un poco nell'acqua tiepida? Non puoi nemmeno immaginare quello che ho passato.»
«Certo che posso! Non ho avuto una vita facile come la tua. Ma riposa pure, ora che puoi. Non so quello che ci aspetta a Roma.»

A Roma, l'imperatore accoglie Lucio freddamente, almeno davanti a me. Pochi giorni dopo lo spedisce in Gallia nell'esercito comandato da suo figlio Antemiolo. Eunico, re dei Visigoti ha occupato Narbona e *Nemasus* e ora minaccia *Arelatae*.
Prima di partire, Lucio si sfoga con me.
«Antemiolo ha veramente bisogno di aiuto. Ma saprà ascoltare i mie consigli?»
«Devi almeno provarci, Lucio. Quel ragazzo può fare più danni di Varo a Teutoburgo.»
Pochi mesi dopo ad Artemio arriva una notizia simile a quella che, più di quattro secoli fa, ricevette Augusto. Antemiolo aveva ignorato i consigli di Lucio, attraversando incautamente il Rodano e cadendo in una imboscata. Antemiolo era morto e Lucio a fatica era riuscito a riportare quello che rimaneva dell'esercito romano ad *Arelatae*.
Antemio reagisce alla notizia come allora fece Augusto. Si mette a gridare come un pazzo e cerca un capro espiatorio: ne trova due: Lucio e Ricimero.
Lucio viene richiamato a Roma. Sulla via del ritorno si ferma a *Mediolanum* dove lo incontro. A stento riesco a fermarlo.
«Se vai a Roma adesso rischi la vita! Fermati qui, almeno fino a quando Artemio si è calmato!»
«Come posso disubbidire a un ordine del mio imperatore?»
«Puoi, puoi! Lo fanno tutti! Mandagli una lettera con una scusa qualunque. Al palazzo reale di *Mediolanum* ci sono tante stanze. Te ne faccio preparare un una anche per te.»

La situazione tra l'imperatore e Ricimero era già critica. Artemio aveva già accusato il suo *magister militum* di tradimento. Aveva ragione.
Ricimero non ne poteva più di Antemio e aveva pensato a nominare un imperatore alternativo. La sua scelta era caduta su Anicio Olibrio. Io avevo invano provato a dissuaderlo.
«Olibrio è uno *stultus*! Non ha né esperienza di governo né capacità militari»

«Appunto perché è uno *stultus* può farmi comodo. Io voglio un imperatore che sappia stare al suo posto e si presenti bene. Anicio Olibrio è di nobile famiglia, è marito di una figlia di Valentiniano ed è pure amico del re dei Vandali! Anche l'imperatore d'Oriente dovrebbe accettarlo.»

Ricimero si sbagliava. Poco dopo l'arrivo di Olibrio in Italia, arriva a Ostia un messo dell'imperatore Leone, diretto ad Antemio. Ricimero riesce a intercettarlo: il messaggio invita, Antemio ad uccidere sia Ricimero sia Olibrio.

«Così Leone vorrebbe farmi fare la fine di Ezio. Ha fatto male i suoi conti!»

Ricimero raccoglie in Italia settentrionale un grande esercito. Dovrebbe servire a combattere i Vandali ma in realtà è destinato a un colpo di stato.

In soccorso di Ricimero arriva dalla Gallia anche suo nipote Gundobaldo con un esercito di Burgundi. Mi rendo subito conto che il burgundo è un tipo arrogante e presuntuoso ma a Ricimero gli si illuminano gli occhi quando lo vede.

«Non mi avevi mai parlato di un nipote burgundo.»

«Non sono mica tenuto a raccontarti tutto! Gundobaldo è figlio di mia sorella. Non lo vedevo da quando era ragazzo ma è subito venuto da me, al momento del bisogno.»

Gundobaldo prende subito confidenza con lo zio. Presto diventa il suo braccio destro e io sono relegato a compiti marginali.

Mentre sono in corso i preparativi per la marcia su Roma, al palazzo reale di *Mediolanum* ho un incontro animato con Lucio,

«Puoi dirmi che sta combinando Ricimero?»

«No, non posso.»

«Devo subito correre a Roma ad avvertire l'imperatore.»

«Non farlo!»

«Vuoi trattenermi con la forza?»

«Se è necessario sì!»

Lucio resta confinato nel palazzo reale di Mediolanum mentre l'esercito di Ricimero e Gundobaldo marcia su Roma. Le truppe ancora fedeli ad Artemio disertano o passano dalla nostra parte. Anche i senatori invitano l'imperatore a cedere il potere a Anicio Olibrio.

Antemio entra nel panico. Manda messaggi a Ricimero proponendogli un compromesso ma ormai è troppo tardi. Artemio fugge nella basilica di San Pietro ma né il santo né il papa lo proteggono. E' Gundobaldo in persona a decapitarlo.

Alipia piange la morte del padre ma Ricimero da molto tempo aveva smesso di frequentare il letto della moglie. Il giorno dopo la morte di Antemio, Ricimero la fa rinchiudere in un monastero.

Anicio Olibrio viene immediatamente presentato al senato come il nuovo imperatore. Nessuno osa fare obiezioni.

Pochi giorni dopo, con il permesso di Ricimero, vado a trovare Lucio, a cui racconto, senza tacere i dettagli più cruenti, quello che è successo.

«Anicio Olibrio ora è l'unico legittimo imperatore d'occidente. L'imperatore d'oriente deve solo dare il suo assenso.»

«Davvero? Ci vai tu a chiedere il suo assenso?»

«No, ci vai tu!»

Accompagno Lucio a Ravenna dove prende la prima nave per Costantinopoli. Lucio porta con se una lettera, firmata da Anicio Olibrio, in cui si chiede rispettosamente all'imperatore Leone di accettare il fatto compiuto e riconoscere il nuovo imperatore d'occidente. Mentre la nave si allontana mi rendo conto che ho perduto l'unico amico che ho avuto in Italia, anzi in tutta la mia vita.

Quando mi presento davanti all'imperatore Leone, lui era già stato informato, da un suo messaggero, della morte di Antemio. Legge con interesse la lettera di Anicio Olibrio e poi mi chiede chiarimenti.

«Anicio Olibrio non è tuo cugino?»

«No. Apparteniamo a rami diversi della *gens* Anicia. Io l'ho visto per la prima volta a Cartagine e mi ha fatto una pessima impressione.»

«Che parte hai avuto nel colpo di stato di Ricimero?»

«Nessuna. Gli uomini di Ricimero mi hanno fermato a *Mediolanum* mentre tornavo dalla Gallia e mi hanno tenuto prigioniero fino alla morte di Antemio. Credo che non mi abbiano ucciso solo perché ti portassi questa lettera.»

«Ti credo. Le mie spie mi hanno confermato che tu non eri a Roma quando Antemio è stato ucciso. In ogni caso, a riconoscere come imperatore quel *cunnus* di Olibrio non ci penso nemmeno. Tantomeno intendo negoziare con quel delinquente di Ricimero. Un *magister militum* deve obbedire all'imperatore, non sostituirsi a lui.»

Oso fare una domanda.

«Mi hanno detto che Aspare non è più *magister militum*. E' morto?»

«Sì. Aveva cercato di ribellarsi al suo imperatore e l'ho fatto giustiziare, con tutta la sua famiglia.»

Sono contento di non avere più come capo Aspare ma mi dispiace per il povero Armodio, morto per colpe non sue. Cerco di capire quale sarà il mio destino.

«*Imperator,* mi rendo conto che in occidente ho fallito ma sono sempre pronto a servire il mio imperatore in oriente se mi si darà una seconda possibilità.»

Leone fa una lunga pausa prima di rispondere.

«Lucio Anicio, in occidente non hai guadagnato meriti ma non ti posso addebitare nemmeno delle colpe. In oriente puoi ancora essermi utile. Sarai uno degli ufficiali di Eraclio, il *magister militum per Tracias*. Mi ha detto che vi siete già conosciuti in Africa.»

Mi fa piacere rivedere Eraclio. Mi racconta le sue ultime avventure.

«Ho impiegato mesi per arrivare a *Leptis Magna* e poi dovuto aspettare quasi un anno prima che si decidessero a mandare delle navi a prenderci. Quell'idiota di Basilisco lo avevano messo in prigione ma lo hanno rilasciato subito: lo ha protetto sua sorella, la moglie dell'imperatore.»

«Così va il mondo. A oriente e a occidente!»

Se Roma piange Costantinopoli non ride. Dopo la morte di Aspare, gli ostrogoti avevano invaso la Tracia. Eraclio era a stento riuscito a fermarli ma Leone aveva dovuto lasciare che si stabilissero al di qua del Danubio.

«Con la scusa che proteggono l'impero da altri barbari, Leone gli manda ogni anno una specie di tributo! Come posso combattere contro nemici che comprano le armi con i nostri stessi soldi?»

Eraclio mi assegna alla guarnigione di *Serdica*: un tempo era una città fiorente ma le continue guerre con unni e ostrogoti l'hanno ridotta a un ammasso di rovine.

Resto a Serdica più di un anno in cui non succede mai niente, tranne poche scaramucce con gli ostrogoti, liquidate a corte come "incidenti di frontiera".

Ogni tanto mi arrivano notizie dal mondo esterno. A Roma, Gundobaldo ha fatto eleggere un nuovo imperatore fantoccio, un tal Glicerio che prima era solo un semplice *comes domesticorum*. A Costantinopoli Leone si è ammalato. Ha scelto come erede un bambino di nome Leone, figlio di sua figlia, ma molti dubitano che il nonno vivrà abbastanza da vederlo crescere.

Infine Eraclio viene a portarmi una bella notizia. Leone ha deciso di mandare a Roma un imperatore di sua fiducia, al posto di quel Glicerio. Si chiama Giulio Nepote ed è marito di una nipote dell'imperatore. Leone vuole che io torni a Costantinopoli per istruire l'aspirante imperatore, prima che parta per Roma.

Non posso trattenere una domanda ironica.

«Che meriti ha questo Giulio Nepote, a parte quello di essere nipote dell'imperatore Leone?»

«Nessuno. Se non è nepotismo questo!»

Ridiamo insieme scolandoci una birra. Almeno posso lasciare questo posto di merda.

Valamiro

Ricimero è morto, di una strana malattia, pochi mesi dopo la decapitazione di Artemio. Per testamento ha lasciato quasi tutto a suo nipote Gundobaldo. A me ha destinato solo un piccolo lascito che sono riuscito ad ottenere da Gundobaldo solo con molta insistenza e velate minacce.

Appena incassati i miei soldi, ho ritenuto opportuno lasciare impiego e Roma. L'unico a salutarmi è una guardia imperiale, un certo Odoacre, con cui ogni tanto condividevo un frugale *prandium*. Mi invita a cena quella sera stessa, in una taberna di sua conoscenza. Accetto nella convinzione che Odoacre abbia da dirmi qualcosa di interessante.

Davanti a un bicchiere di vino, Odoacre mi racconta di essere venuto in Italia con il suo clan di Eruli. Ora che *limes* non è più difeso, migliaia di "barbari" hanno superato le Alpi pronti a combattere, come mercenari, per il *magister militum* che paga di più.

«All'inizio mi sono unito all'esercito di Oreste, un cittadino romano della Pannonia. Poi sono riuscito a entrare tra le guardie imperiali. Qui pagano molto di più e tra poco dovrei avere una promozione.»

«Auguri! Brindiamo in anticipo?»

«No. Porta male. Ma se diventassi *comes domesticorum* verresti a lavorare con me?»

«Ti ringrazio. Sono sicuro che con te starei bene, ma avrei sempre come *magister militum* quel *cunnus* di Gundobaldo. Potrebbe creare problemi a me e a te.»

«Hai ragione. Se non hai altri impegni ti lascio l'indirizzo di Oreste. Ma un giorno ti voglio nel mio esercito, quando l'avrò!»

A Mediolanum incontro Oreste e non mi fa una bella impressione. E' un *magister militum* tipo armiamoci e partite. Ha militato sotto Attila ma con lui faceva soprattutto funzioni di *notarius*. Amministrando i soldi degli unni ne aveva messi molti nelle sue tasche.

In Italia Oreste si era comprato un esercito privato, formato dagli ultimi barbari arrivati in Italia. Forniva legionari ausiliari al *magister militum per Gallias* contro i Visigoti ma affittava anche soldati a possidenti italici per difendere i loro latifondi dalle tante milizie allo sbando. Quando mi chiede referenze, gli cito Ricimero e Odoacre.

«Ricimero non può più confermare quello che dici ma conosco bene Odoacre. Sei assunto.»

Un mese dopo vengo a sapere che Anicio Olibrio è morto. Glicerio è diventato imperatore e Odoacre è diventato *comes domesticorum*. Odoacre non po' avere ottenuto quella carica senza il consenso di Gundobaldo. Da che parte sta? Comunque è un gran *para culum*!

Il mio primo incarico è in Gallia. Ad *Arelatae* è stata siglata una ennesima tregua con i Visigoti ma la situazione è ancora fluida e gli affari dei commercianti della zona ne risentono. Un ricco mercante di *Massalia*, tal Aristarco, ha chiesto a Oreste di affittargli un piccolo esercito personale per la difesa dei suoi traffici. Io sono stato delegato a firmare un contratto con lui.

Aristarco si vanta di discendere dai primi coloni greci di *Massalia*, ma la sua famiglia si è enormemente arricchita solo quando suo padre ha concluso un accordo con il re dei Burgundi, per l'esclusiva sui trasporti sul Rodano, via previlegiata per raggiungere i porti sul mare del nord. Non faccio fatica a stipulare con lui un buon contratto. Mi è più difficile convincerlo a farmi sposare sua figlia Elena. Aristarco è uno dei pochi marsigliesi di origine greca che permettono alle donne di sedere con gli uomini a tavola. La prima sera che ceno con i miei ospiti non ho occhi che per Elena. Con i suoi lunghi capelli neri, gli occhi azzurri e le piccole *mammas* che spuntano invitanti sotto la tunica mi fa innamorare a prima vista. Mi rendo conto che nemmeno io le sono indifferente. Dopo alcuni giorni di sguardi eloquenti, carezze furtive e piedini sotto il tavolo, Aristarco mi fa un discorso franco.

«Guarda che mia figlia non è compresa nel nostro contratto.»

«Non ci ho mai pensato. Io amo Elena e voglio sposarla.»

«Questo rende le cose più complicate. Tanti mi hanno detto che erano innamorati di mia figlia ma tenevano di più alla sua dote.»

«Non voglio la sua dote. Io voglio solo Elena e ho i mezzi per farla vivere più che decorosamente.»

«Elena la sua dote l'avrà, ma se la sposi non prenderai un *nummus*. I suo soldi rimarranno a Massalia e penserò io a farle avere la sua rendita.»

«Ottima soluzione. Allora posso avere la mano di tua figlia?»
«Puoi averla tutta se lei è d'accordo. Devo solo farti una confessione. Io sono un commerciante onesto e non mento mai sulla qualità della mia merce. Elena ha tutte le qualità per essere una buona moglie ma...»
«Non è vergine? Non c'è problema.»
La prima notte di nozze, Elena si rivela la più focosa delle amanti. Non mi importa chi ha avuto in passato ma starò molto attento che non ce ne siano altri in futuro.
Mi trasferisco con Elena a *Mediolanum* e lascio a mia moglie la cura della nostra *domus*, non lontano dal palazzo reale. Dopo il mio ottimo affare a Marsiglia sono diventato il braccio destro di Oreste. Lo aiuto nella selezione dei nostri soldati e, soprattutto, nei contratti con i nostri clienti.
In quella veste ho la sorpresa di ritrovarmi davanti Lucio.

Dopo i primi abbracci e pacche sulle spalle, Lucio mi informa che è venuto come rappresentante dell'imperatore d'oriente. Leone ha designato come nuovo imperatore d'occidente un tal Giulio Nepote che verrà a sostituire Glicerio con un esercito greco. Lucio è stato mandato a preparare la strada al nuovo imperatore assoldando milizie pronte ad affrontare il *magister militum* Gundobaldo, se farà resistenza.
«Ti sei rivolto alle persone giuste. Oreste può procurarti tutti i soldati che vuoi, al giusto prezzo. Ma com'è questo Giulio Nepote?»
«E' un Nepote. E questo dice tutto.»
Più tardi definiamo i dettagli dell'affare con Oreste. Si unisce all'affare anche Odoacre, venuto apposta da Roma, per garantire l'appoggio delle guardie imperiali al colpo di stato.
Lucio ha portato con sé molte monete d'oro, come anticipo, ma a Oreste non basta.
«Quando Giulio Nepote diventerà imperatore, dovrà nominarmi *magister militum presentalis* con autorità su tutti i *magister militum*. Lui si deve limitare a fare l'imperatore, gestendo i rapporti con il senato e con Costantinopoli.»
«La proposta di farti *magister militum* è ragionevole ma non dirgli chiaro e tondo che deve fare solo l'imperatore fantoccio. Anche un Nepote ha un orgoglio. »

La prima notte che si ferma a *Mediolanum,* Lucio è ospite a casa mia. Il mio amico mi fa tanti complimenti per la mia bellissima moglie. Anche Elena gradisce la compagnia di Lucio, forse anche troppo. Lucio è un amico ma è meglio tenere il fuoco lontano dalla paglia. Devo trovare per Lucio un'altra sistemazione visto che si tratterrà a *Mediolanum* fino a quando arriverà il nuovo imperatore.

Una soluzione me l'offre Oreste. Lui vive in una grande villa, con sua moglie Serena, suo figlio Romolo e la servitù. Non ha problemi a ospitare Lucio mettendogli a disposizione alcune stanze della sua casa.

Festeggiamo la conclusione del nostro affare proprio a casa di Oreste. Lucio ha mandato la copia del nostro contratto a Costantinopoli e ora aspettiamo solo la venuta del nuovo imperatore.

Oreste organizza una cena per soli uomini: Lucio, Oreste, Romolo, ed io. Romolo ha solo 15 anni ma non disdegna un paio di coppe di Falerno. Noto che c'è sintonia tra Lucio e Romolo. Se ho capito bene certi indizi non devo più preoccuparmi per Elena.

Lucio

Nei due mesi che sto in casa di Oreste, passo molto tempo per la selezione dei nuovi soldati per il nuovo esercito del futuro imperatore. Mi colpisce quanti sono i barbari che hanno passato le Alpi negli ultimi anni, ora che il *limes* ha praticamente cessato di esistere. Sento nomi di popoli germanici di cui non avevo mai sentito parlare: eruli, sciri, rugi e turgilingi. Sono venuti in piccoli gruppi, intere famiglie. Alcuni hanno occupato abusivamente delle terre e chiedono che il nuovo imperatore faccia una specie di condono.

Odoacre, sceglie i migliori soldati per la sua guardia imperiale: devono essere pronti a seguirlo quando ci sarà il colpo di stato. Il *comes domesticorum* mi sembra un tipo sveglio ma di poche parole. Alle mie domande, risponde che lui è venuto in Italia con un clan di eruli, ma è solo in parte erulo: suo padre era sciro e lui stesso non sa l'origine del suo strano nome.

Nel mio tempo libero passo molto tempo con Romolo. Il ragazzo mi ha colpito subito. Ha degli splendidi occhi azzurri, capelli lunghi ben curati, un bel viso con appena i primi cenni di barba. Ha anche un bel corpo. Una volta siamo stati insieme alle terme pubbliche di *Mediolanum* e ho dovuto avvolgermi nel mio *mantele* per nascondere una imbarazzante erezione. Romolo non ha problema a mostrarsi nudo, malgrado la sua piccola *mentula,* e guarda con ammirazione la mia.

Ogni mattina, Romolo va a una scuola dove insegnano letteratura latina, diritto e greco. Sapendo che io ho vissuto molti anni a Costantinopoli, Romolo un giorno dice al padre che avrebbe bisogno di ripetizioni di greco. Io dò la mia disponibilità ad aiutarlo.

Nella mia prima lezione di greco, racconto a Romolo la storia di amicizia e amore tra Achille e Patroclo. Dalla teoria passiamo subito alla pratica. Romolo è dolcissimo. Non aveva mai avuto un uomo ma si lascia *futuere* gemendo di piacere e partecipando attivamente.

«Veramente per te è stata la prima volta? Non eri mai stato né con uomini né donne?»

«Una volta mio padre mi ha fatto provare con una schiava. Non mi è piaciuto ma le ho dato un po' monete per dire a mio padre che era andato tutto bene. Io sono stato sempre attratto da uomini maturi.»

«Maturi? Io non ho ancora 33 anni!»

«Non te la prendere! Lo rifacciamo domani, vero?»

«Naturalmente! Ma stiamo attenti a non farci scoprire. Tuo padre si chiama Oreste. Potrebbe finire come una tragedia greca!»

Con Romolo è molto diverso che con Armodio, il mio primo ragazzo. Tra me e Romolo è passione pura, qualcosa che non avevo mai provato né con uomini né con donne. Passiamo insieme ogni notte. Alle prime luci dell'alba faccio fatica a convincere Romolo a tornare nella sua stanza.

Infine arriva un messo da Costantinopoli, annunciando la prossima partenza della nave di Giulio Nepote per Ostia. L'imperatore d'oriente mi dà anche l'incarico di andare a *Lugdunum*, capitale del regno dei Burgundi, per cercare alleati contro Gundobaldo. Valamiro si offre di accompagnarmi.

Prima di partire saluto Oreste, raccomandandogli di mettere all'erta Odoacre e il suo esercito. Il mio congedo con Romolo è triste. Il ragazzo si è affezionato a me come io a lui. Gli prometto che tornerò presto, molto presto.

A *Massalia*, Valamiro mi presenta suo suocero Aristarco che è ben informato sulla situazione del regno dei Burgundi. A *Lugdunum* risiede re Chilperico che non ha figli maschi e ha già diviso il regno tra i quattro nipoti. Gundobaldo è uno degli eredi ma i suoi fratelli hanno già cominciato a litigare. Ora Gundobaldo è ad *Arelatae* per stipulare una ennesima tregua con i visigoti.

Aristarco mi mostra una lettera di Gundomaro, un fratello di Gundobaldo, che gli ordina una partita di spezie. Leggendo la lettera del burgundo mi viene un'idea. La scrittura di Gundomaro non è difficile da imitare e il suo sigillo può essere riutilizzato. Scrivo una nuova lettera, indirizzata a Gundobaldo, dicendo che suo zio Chilperico è morto e che gli altri suoi fratelli vogliono escluderlo dalla successione. Faccio leggere la nuova lettera a Valamiro.

«Hai fatto un falso perfetto! Ma che succederà quando Gundobaldo scoprirà la verità?»

«Per scoprirla dovrà prima andare a *Lugdunum*. Probabilmente ac-

cuserà i suoi fratelli di avere voluto tendergli un tranello. Intanto
Giulio Nepote arriverà a Roma mentre Gundobaldo è bloccato in
Gallia.»

Il mio piano ha pieno successo. Giulio Nepote sbarca ad Ostia mentre Gundobaldo è ancora a *Lugdunum*. Le guardie imperiali di Odoacre fanno prigioniero Glicerio e si schierano con il nuovo imperatore. Odoacre fornisce una scorta per il nuovo imperatore fino a
Ravenna.

Scoperto l'inganno, Gundobaldo prova a tornare in Italia ma ad *Arelatae* si trova la strada barrata dall'esercito di Oreste. Gundobaldo
è convinto dallo zio Childerico ad accettare il fatto compiuto. Il re
dei Burgundi manda un messaggio a Giulio Nepote chiedendogli di
confermare ai burgundi la stato di *foederati*.

A Ravenna, Oreste viene nominato da Giulio Nepote *magister militum presentalis*. Odoacre è confermato nella sua carica di *comes domesticorum*. Il colpo di stato è andato a buon fine senza spargimento di
sangue. Anche a Glicerio è stato permesso di imbarcarsi sano e salvo
per la Dalmazia. Gli è stato perfino concesso un vescovato, a *Salona*.
Giulio Nepote si congratula con me per come ho preparato la sua
ascesa al trono. Non mi assegna nessuna carica ufficiale ma mi chiede di rimanere con lui per aiutarlo nei i rapporti con i barbari, con
cui è costretto a dividere il potere,
Nepote mi fa anche riavere la casa di Ravenna dove sono nato. In
questa casa viene a trovarmi anche Romolo, appena arrivato a Ravenna. Il ragazzo mi era tanto mancato, e io a lui. Facciamo l'amore
tutta la notte.

Valamiro

Il colpo di stato con cui è stato deposto Glicerio è stato facile, fin troppo facile.

La convivenza tra il *magister militum* Oreste e l'imperatore Nepote, con la mediazione di Lucio, è andata bene, fino alla partenza da Ravenna dell'esercito greco. Fino ad allora Zenone, l'imperatore d'oriente, non aveva mai smesso di ricordare a Nepote la superiorità di Costantinopoli su Roma. Poi in oriente era scoppiata una guerra civile tra i sostenitori di Zenone e i ribelli dell'usurpatore Basilisco. Perché non approfittarne?

Oreste me ne parla in una cena informale, nella casa di Oreste a Ravenna, a cui partecipano solo Oreste, Odoacre, ed io. Non erano stati invitati nemmeno Lucio e Romolo. Capisco il perché fin dall'esordio di Oreste.

«Parliamoci chiaro. Ormai l'impero romano d'occidente è ridotto praticamente alla sola Italia, più un piccolo brandello della Gallia. Negli ultimi anni abbiamo avuto solo imperatori fantoccio, scelti dal *magister militum* o dall'imperatore d'oriente, come quel *cunnus* di Giulio Nepote. Non sarebbe ora che l'impero di occidente riacquisti la sua indipendenza con un vero imperatore? Roma vale più di Costantinopoli!»

Odoacre scuote la testa.

«Quel *cunnus* di Nepote lo abbiamo fatto imperatore noi. Non te lo ricordi?»

«Appunto! Noi l'abbiamo fatto e noi lo destituiremo. Tra me e te controlliamo quasi tutto l'esercito romano. Nessuno appoggerà Nepote. Perfino in Senato non sopportano più i greci. Accetteranno qualunque imperatore romano che garantisca l'indipendenza dell'Italia.»

«E chi *mentula* vorresti mettere come imperatore? Tu stesso?»

«Non proprio. Pensavo a mio figlio Romolo. Ma lui ancora non lo sa.»

A questo punto oso dire la mia opinione.

«Romolo è ancora un ragazzo. Perché vuoi governare tramite tuo figlio invece di prenderti la responsabilità della corona imperiale?»

«Perché in senato molti mi considerano ancora un barbaro. Romolo invece ha il nome del suo nonno materno, *magister militum* e *comes* del *Norico*: il nome del primo re di Roma! Romolo sarà il primo imperatore di una nuova dinastia.»

Da quello che so di Romolo, le speranze di Oreste mi sembrano molto difficili da realizzarsi. Ma naturalmente non posso dirlo a Oreste. Risponde invece Odoacre.

«Hai ragione quando dici che, con i nostri soldati, possiamo mettere sul trono qualunque imperatore vogliamo. Ma c'è un prezzo da pagare, lo sai?»

«Naturalmente. I nostri soldati li abbiamo sempre pagati. Stavolta per loro ci sarà una gratifica in più.»

«Non basta. I nostri soldati vogliono una terra da coltivare. Ci sono migliaia di latifondi incolti in Val Padana. Devi promettere ai nostri soldati che avranno le terre dei latini. E poi dovrai mantenere le promesse.»

Oreste esita prima di rispondere.

«Avranno le loro terre. Puoi dirlo anche ai tuoi soldati. Ma non spargiamo la voce adesso. Ho bisogno dell'appoggio dei senatori e ora non devono sospettare niente.»

Dopo che Odoacre è uscito faccio una domanda a Oreste.

«Come mai non hai ancora detto niente a Romolo? Stai per dargli una bella responsabilità.»

«Appunto. Non voglio che si spaventi e si tradisca. Potrebbe anche raccontare tutto a Lucio.»

Non sono sicuro di avere capito bene. Oreste chiarisce subito.

«Credevi che non sapessi quello che c'è tra Romolo e Lucio? Mio figlio è fatto così e non posso cambiarlo. Meglio Lucio che un altro.»

«Ma quello che dicevi sulla dinastia?»

«Ogni cosa a suo tempo. Troverò per Romolo una moglie adatta. Se Romolo non può, anche Lucio potrebbe dargli una mano.»

Non posso crederci. Un altro colpo di stato dopo meno di un anno. Gli stessi soldati che prima avevano appoggiato Nepote ora lo hanno deposto. Come ho fatto a non accorgermi di quello che si stava preparando?

Non mi sono accorto di niente ma, ripensandoci, il *magister militum* Oreste è stato fin troppo gentile con me negli ultimi giorni. Ho notato qualcosa di strano solo quando il *comes domesticorum* Odoacre mi ha detto che l'imperatore era indisposto e che potevo tornare a casa in anticipo.

A casa mi aspettava Romolo, più affettuoso del solito.

«Mi fai dormire qui stanotte?»

«Mi piacerebbe. Ma poi che racconti a tuo padre?»

«Non ti preoccupare di mio padre. Lui mi vuole bene e mi accetta come sono.»

Nemmeno allora ho capito. Romolo mi ha chiuso la bocca baciandomi e portandomi a letto. La notte ho dormito ben poco. Tra un amplesso e l'altro riuscivo a dire solo parole d'amore.

«Tu desiderium meum, tu voluptas mea!»

Il giorno dopo, trovo il palazzo imperale sbarrato dalle guardie di Odoacre. Anche le porte di Ravenna sono chiuse. Non si può né entrare né uscire dalla città. Infine l'imperatore Giulio Nepote viene accompagnato al porto dove si imbarca per la Dalmazia. E' diretto a Salona, la stessa città in cui è stato esiliato Glicerio, il precedente imperatore.

Torno a casa dove mi aspetta Romolo. E' più informato di me.

«Mio padre mi aveva avvertito, ieri sera, ma mi aveva raccomandato di non dirti niente. Voleva farti una sorpresa.»

«Che *mentula* di sorpresa! Chi sarà il nuovo imperatore?»

«Ce l'hai davanti. Io, Romolo Augusto. Presto il Senato ratificherà la mia nomina.»

«Congratulazioni! Ma tuo padre che mi farà?»

«L'imperatore sono io e tu sarai il mio *comes domesticorum*. Staremo insieme al palazzo imperiale senza più bisogno di nasconderci. Non è magnifico?»

Capisco che non mi hanno ucciso o esiliato solo per l'intercessione di Romolo. Evidentemente Oreste sa di noi e ha deciso di chiudere un occhio. Ma fino a quando? E quale sarà il mio ruolo con il nuovo imperatore? Romolo ha già una idea.

«Ti amo tanto. Ma adesso che sono imperatore... permetti che sia io a *futuere* te?»

Già da tempo avevo acconsentito a scambiarci i ruoli ogni tanto, per compiacere il mio amante. Romolo è sempre stato un ragazzo dolcissimo. Era impossibile non amarlo, almeno fino a quando è diventato imperatore. Poi...

Dicono che il potere corrompe. Romolo in realtà non ha nessun vero potere ma crede di averlo. I soldati cominciano presto a chiamare, di nascosto, lui Augustolo e me Lucilla. La mia vita a corte diventa insopportabile. Anche le notti con Romolo non sono più come prima. Un giorno faccio una visita a casa di Valamiro. Elena è in attesa del primo figlio. Mi accoglie con un bel sorriso ma senza l'espressione civettuola di prima.

Valamiro mi invita a cena da solo in una *taberna*. Non ho bisogno di raccontargli niente. Ha capito tutto e mi propone una soluzione.

«Penso che ti farebbe bene cambiare aria per un po' di tempo. Oreste vuole mandare un'ambasciata al re dei Franchi, a *Tornacum*. Vuoi che proponga te? Una volta mi hai detto che hai parenti da quelle parti.»

«Sei un vero amico!»

Quando lo racconto a Romolo, mi risponde da imperatore.

«Chi ti ha dato quest'incarico? Come imperatore avrei dovuto essere informato.»

«Eseguo gli ordini del *magister militum*, tuo padre.»

«Chi sarà il nuovo *comes domesticorum*?»

«Il fratello di tuo padre, tuo zio Paolo. E' appena arrivato in Italia e Oreste cercava per lui un posto di prestigio.»

«Ma io non voglio zio Paolo. Io voglio te!»

La voce di Romolo è ora come quella di un bambino a cui hanno portato via il giocattolo favorito. Sto quasi per piangere anch'io.

«Anch'io ti voglio. Ma forse una pausa di riflessione ci farà bene.»

Romolo allora ritrova il tono da imperatore.

«Vai allora! E non tornare più!»

Nel mio viaggio a *Tornacum*, faccio la prima sosta a *Massalia*. Aristarco mi dà istruzioni per proseguire verso il mio viaggio verso il nord. Risalgo il Rodano fino a *Lugdunum* e poi seguo la Loira fino ad *Aurelianum*. Lì trovo le prime insegne di Siagrio, figlio di Egidio, un *magister militum* che si fa chiamare *rex romanorum*. Siagrio mi riceve con onore a *Lutetia* ma mi dice, senza mezzi termini, di non riconoscere nessuna autorità all'imperatore d'occidente nella parte di Gallia che governa: una terra circondata da regni barbari di cui lui solo è riuscito a salvare la romanità.

Infine arrivo a *Tornacum*, dove incontro finalmente zio Sidonio, ancora in gamba malgrado abbia superato i sessant'anni. Conosco anche i mie cugini Pipino e Carlo. Carlo ha preso il posto di mio zio Childeric alla guida dell'esercito franco. Pipino ha sostituito il padre come Maestro di palazzo di re Childerico.

Nella Gallia Belgica le notizie da Roma arrivano con molto ritardo e non avevano ancora sentito parlare di Romolo Augusto, il cui nome fa sorridere zio Sidonio.

«Non ho ben capito perché ti abbiano mandato qui. Noi Franchi non possiamo dare nessun aiuto a quello che è rimasto del vostro impero. Sei sicuro che non volessero mandarti il più lontano possibile per non coinvolgerti in un altro colpo di stato? »

Resto allibito di fronte all'acume di Sidonio.

«Non ci avevo pensato. Gli ultimi imperatori sono durati pochissimo. Potresti avere ragione. Meglio che torni subito a Ravenna.»

«Fai un buon viaggio. Ma se avrai problemi in Italia, torna pure da noi. Sarai sempre il benvenuto!»

Torno in Italia passando di nuovo per *Lutetia, Aurelianum, Lugdunum* e *Massalia*. In ogni città mi fermo solo per mangiare, dormire e fare riposare il cavallo.

Sono preoccupato per Romolo. Non avrei mai dovuto lasciarlo. Sento che è in grave pericolo.

Valamiro

Avevo convinto Oreste a mandare Lucio in Gallia dicendogli che era meglio che lui non fosse a Ravenna quando fosse cominciata la distribuzione delle terre ai nostri soldati. In fin dei conto Lucio era un romano di antica famiglia patrizia e i senatori potevano fare pressioni su di lui per salvare i loro latifondi. Lucio avrebbe potuto anche convincere Romolo a non firmare il decreto di esproprio.

In realtà, nessun decreto di esproprio viene fatto firmare a Romolo. Oreste emana un decreto per sanare la situazione delle terre già occupate ma non autorizza altri espropri delle terre dei latini. Invano Odoacre invita Oreste a mantenere le promesse fatte ai suoi soldati. «Secondo gli accordi, ai nostri soldati spetta un terzo delle terre coltivabili della Val Padana. Non puoi rimangiarti la tua parola!»

«I soldati avranno le loro terre, ma non subito. Non posso cacciare di colpo tanti contadini latini da casa loro. Fammi prima trattare con i latifondisti perché cedano le terre incolte.»

Odoacre esce dalla casa di Oreste sbattendo la porta. Il giorno dopo ricevo da lui un messaggio.

«Una volta, a Roma, ti ho detto che ti avrei voluto nel mio esercito, quando ne avrei avuto uno. Ora il momento è arrivato. Sei con me o contro di me?»

Non ho scelto Odoacre per simpatia. Semplicemente ho capito che, contro di lui, Oreste non aveva nessuna possibilità. Oreste è un *notarius* che si è comprato prima un esercito e poi un impero, Odoacre è un vero guerriero e ha carisma. A poco a poco quasi tutti i soldati di Oreste passano dalla sua parte. Sono a fianco di Odoacre quando sconfigge a Piacenza quello che è rimasto dell'esercito di Oreste. Non provo nemmeno a chiedere pietà per il mio ex capo. Odoacre lo uccide con le sue mani, tra le grida di giubilo dei suoi soldati.

Pochi giorni dopo, Odoacre conquista anche Ravenna. Entrando nel palazzo imperiale si trova davanti Romolo Augusto, prostrato davanti a lui implorando pietà. Odoacre vede Romolo per la prima volta e ne rimane incantato. Lo fa rialzare e lo riaccompagna nel suo appartamento. Rimane a lungo solo con il ragazzo, a porte chiuse...

Il giorno dopo, Odoacre mi fa preparare una lettera per l'imperatore d'oriente Zenone. Insieme alla lettera saranno recapitati a Costantinopoli le insegne imperlali d'occidente: diadema, scettro, toga ricamata in oro e spada. Non posso trattenere una domanda.
«Ti rendi conto che così riconosci l'autorità dell'imperatore d'oriente in Italia? Perché non ti proclami tu stesso imperatore d'occidente?»
«Io sono un barbaro. Come imperatore non mi accetterebbero mai.»
«Non credo. Molti nel Senato non sopportano i greci. Accetterebbero anche te come romano.»
«Io non voglio essere romano! Mi hanno scelto come re i miei soldati eruli, sciri, rugi e turgilingi. Solo con loro sono in debito. Distribuirò equamente le terre che ho promesso e i vecchi proprietari potranno scegliere se rimanere con i nuovi padroni o cercarsi altre terre.»
«Allora vuoi regnare solo sui barbari? In Italia i latini sono ancora la maggioranza.»
«No, io voglio essere *rex Italiae*. Governerò con giustizia romani e barbari, ma non come imperatore. L'impero romano è morto. Continui pure a chiamarsi romano l'imperatore d'oriente. L'Italia è mia!»
Odoacre fa firmare a Romolo la lettera con cui spedisce le insegne a Costantinopoli. Nel plico mi fa aggiungere un'altra lettera, firmata da lui stesso, in cui chiede a Zenone di riconoscere la sua autorità in Italia.
Consegnato il plico al messaggero diretto a Costantinopoli, non posso trattenere un'ultima domanda.
«Che farai di Romolo Augusto?»
«Non posso fare uccidere un così bel ragazzo. Lo manderò in esilio in Campania. Così farò anche una bella figura davanti al Senato.»
Non credo che Romolo arriverà mai in Campania. Probabilmente si fermerà nella villa di Odoacre ad Anzio. Ci rimarrà finché Odoacre si sarà stancato di lui.

Racconto gli ultimi avvenimenti a Lucio, appena tornato dalla Gallia. Il mio amico è disperato.
«Fammi almeno parlare con Romolo, ti prego! Se diventerà l'amante di Odoacre devo almeno potere dirgli addio.»
«Vedrò quello che posso fare. Ma aspettiamo prima che Odoacre parta per Roma.»

Lucio

Dopo la partenza di Odoacre, riesco infine a incontrare Romolo. Appena mi vede, il ragazzo si butta tra le mia braccia. Piange senza ritegno.

«Fammi uscire di qui, Lucio! Salvami!»

Cerco di calmarlo baciandolo.

«Che ti hanno fatto, *voluptas mea?*»

«Odoacre è una bestia! Mi sono buttato supplice ai suoi piedi e mi pareva che si fosse commosso. Mi ha fatto rialzare, mi ha detto parole di conforto, mi ha accompagnato alla mia stanza. Ma quando siamo rimasti soli...»

Tra un singhiozzo e l'altro Romolo riesce ad aggiungere solo poche parole

«Mi ha strappato i vestiti di dosso, mi ha messo carponi... io piangevo ma lui rideva...»

Piango anch'io mentre riempio Romolo di baci. Come si può trattare così un ragazzo così dolce!

Tornato da Valamiro gli riferisco il mio incontro con Romolo.

«Non posso lasciare il mio ragazzo alla mercé di quel bruto. Aiutami a liberarlo, ti prego!»

«Mi chiedi troppo. Odoacre potrebbe farci uccidere tutti quanti.»

«Deve esserci un modo. Dobbiamo liberare Romolo prima che lo portino via da Ravenna.»

Alla fine un modo Valamiro lo trova. Riesce e sapere chi sono i soldati incaricati di portare Romolo in Campania. Sono due soldati rugi che Valamiro riesce a corrompere. I due rugi fuggono nel Norico lasciandoci la loro carrozza e una lettera di Odoacre che ci permette di prelevare Romolo dal palazzo imperiale.

Io e Valamiro ci siamo truccati per assomigliare ai rugi che abbiamo corrotto. Con una parrucca rossiccia e barba finta nemmeno Romolo mi riconosce, all'inizio. Solo quando, usciti da Ravenna, mi tolgo il travestimento. Il ragazzo si butta tra le mie braccia.

Valamiro guida la nostra carrozza fino alla Via Emilia. A Faenza ci fa trovare due cavalli per il nostro viaggio per la Gallia. Salutandomi mi dà una borsa e alcune raccomandazioni.

«Devi seguire la via Emilia fino a Piacenza. Lì puoi prendere la via Julia Augusta fino al mar ligure. Da Savona la strada per *Massalia* la sai già.»

«Sei un vero amico! Tuo suocero sa del mio arrivo?»

«Non c'è stato il tempo per avvertirlo! Nella borsa che ti ho dato c'è anche una lettera per mio suocero. Aristarco ti darà altri soldi per il vostro viaggio fino a *Tornacum*. Gli ho scritto che Romolo è tuo nipote. Aristarco è greco: capirà!»

«Anche mio zio Sidonio capirà! Ha avuto una storia simile alla mia quando era ragazzo. Ma tu che farai?»

«Odoacre non ha prove per collegarmi alla vostra fuga. Mi ritirerò nella terra che mi hanno assegnato, vicino Cremona. Il mio vicino è un vecchio unno, di nome Ulfila. Mi ha dato degli ottimi consigli.»

«Buona fortuna! Non ti ci vedo come contadino!»

«Non sarò certo io a coltivare la terra! Farò lavorare i contadini latini che c'erano prima. Con la rendita di mia moglie potrò comprare altro bestiame e nuove sementi. La mia diventerà una fattoria modello. Difenderò la mia terra da chiunque cerchi di portarmela via.»

Salutando per l'ultima volta Valamiro, mi rendo conto che l'impero romano è veramente finito. Un giorno, in Italia, romani e barbari si fonderanno in un solo popolo ma ci vorrà molto tempo. Riuscirà Odoacre a tenere unita almeno l'Italia?

Mi metto in viaggio per la Gallia con il ragazzo che è stato l'ultimo imperatore. La nostra nuova casa sarà nel regno dei Franchi, un regno ancora piccolo ma con grandi potenzialità. Forse da lì nascerà un nuovo impero.

FINE

(dell'impero romano)

APPENDICE 1
Storia e fantasia

In questo romanzo accanto a personaggi di mia invenzione compaiono molti personaggi storici. Mi sembra utile mettere qui alcuni chiarimenti.

Valentiniano III divenne imperatore a sei anni e regnò quasi sempre sotto tutela, prima della madre **Galla Placidia** e poi di **Ezio**. Sua sorella **Onoria** scrivendo ad **Attila** gli diede il pretesto per invadere prima la Gallia e poi l'Italia. Non è ben chiaro perché Valentiniano uccise di propria mano, con l'aiuto dell'eunuco **Eraclio,** il suo *magister militum*. Sicuramente fu istigato anche dal senatore **Petronio Massimo** che poi lo fece assassinare per prendere il suo posto.

Flavio Ezio fu l'ultimo grande condottiero romano (o quasi). La sua strategia fu soprattutto quella di fare combattere barbari contro altri barbari. Il suo più grande errore fu quello di permettere ad **Attila** sconfitto di fuggire dalla Gallia quasi indenne, dopo la battaglia dei Campi Catalaunici. Probabilmente pensava di potere usare ancora gli unni contro i Visigoti ma così provocò l'invasione degli unni in Italia, l'anno successivo. Ezio sperava che suo figlio **Gaudenzio**, sposando **Placidia** figlia di **Valentiniano**, diventasse un giorno imperatore. Probabilmente proprio questa ambizione fu la principale causa della sua morte.

Avito fu *magister militum per Gallias* e poi imperatore. Non è chiaro il ruolo che ebbe nell'assedio di Narbona ma sicuramente dovette sostituire **Litorio** dopo la sua morte. Più tardi ebbe un importante ruolo nel convincere **Teodorico I**, re dei visigoti, a combattere a fianco dei romani contro **Attila**. Quando fu nominato imperatore, nel 455, dopo la morte di **Petronio Massimo,** la situazione dell'impero era ormai compromessa. Nel 457 fu fatto uccidere dal *comes domesticorum* **Maggiorano,** che divenne imperatore al suo posto.

Teodorico I, re dei Visigoti, non va confuso con Teodorico il grande, re degli ostrogoti, che regnò in Italia molto tempo dopo le vicende di questo romanzo. Probabilmente Teodorico I morì in battaglia cadendo da cavallo ma una fonte narra che fu ucciso dall'ostrogoto **Andag**. Suo figlio **Torismundo** fu convinto da **Ezio** a tornare a Tolosa, subito dopo la battaglia dei Campi Catalaunici, per consolidare il suo trono. A Torismundo successe il fratello **Teodorico II.**

Attila creò un effimero impero, disgregatosi dopo la sua morte. Difficile stabilire se, e fino a che punto, l'intervento di **Papa Leone** contribuì alla ritirata di Attila dall'Italia. Sulla sua morte ci sono varie versioni. Io ho scelto la più romanzesca, quella delle saghe nordiche, con qualche aggiunta personale.

Meroveo fu il mitico fondatore della dinastia dei Merovingi, poi detti re fannulloni. Di lui si sa ben poco ma alcune fonti dicono che salì al trono dei Franchi con l'aiuto dei romani. Pare che suo figlio **Childerico** cercò invano di conquistare Parigi, ma la città fu annessa definitivamente al regno dei Franchi solo nel 487, dal re Clodoveo, figlio di Childerico.

Agrippino e **Egidio** sono stati *magister militum per Gallias* tra il 452 e il 465. Egidio governò parte della Gallia, con Parigi, come se fosse uno stato proprio. A Egidio successe suo figlio **Siagrio** che governò l'ultimo stato gallo-romano fino al 485, quando fu sconfitto e ucciso dai Franchi di re Clodoveo.

Leone I fu imperatore d'oriente dal 457 al 474. Dopo la morte del suo predecessore **Marciano** fu messo sul trono dal *magister militum* **Aspare** che, nel 471, fece ammazzare. Nel 465 riuscì a imporre come imperatore d'occidente il greco **Antemio**. Nel 474 inviò in Italia **Giulio Nepote**, penultimo imperatore d'occidente. Morì prima che Nepote arrivasse in Italia. A lui successe il genero **Zenone**.

Basilisco, come comandante della flotta greca, fu il principale responsabile del fallimento della spedizione greco-romana contro il vandali, nel 468. Perdonato dall'imperatore **Leone**, tentò poi di portare via il trono all'imperatore **Zenone**, nel 475. Fu fatto uccidere da Zenone nel 476.

Maggiorano divenne imperatore alla morte di **Avito,** con l'aiuto del *magister militum* **Ricimero.** Tentò di risollevare l'impero combattendo visigoti e vandali ma, nel 461, fu fatto uccidere da Ricimero.

Ricimero fu *magister militum* dal 457 al 472, deponendo e nominando imperatori. Fu responsabile della morte degli imperatori **Avito** e **Maggiorano.** I successivi imperatori **Libio Severo, Antemio, Anicio Olibrio** furono solo imperatori fantoccio, eliminati, forse, quando tentarono di alzare la testa.

Gundobaldo divenne *magister militum* alla morte dello zio **Ricimero.** Nominò **Glicerio** come suo imperatore fantoccio ma, quando arrivò a Roma **Giulio Nepote,** si ritirò in Gallia senza combattere. Successivamente divenne re dei Burgundi.

Giulio Nepote fu imperatore d'occidente dal 474 al 475. L'imperatore d'oriente **Zenone** lo considerò imperatore legittimo anche dopo la sua fuga in Dalmazia. Morì a Salona nel 480.

Oreste fu *notarius* degli unni al tempo di Attila. Non è chiaro come arrivò a mettere insieme l'esercito che depose **Giulio Nepote** per sostituirlo con suo figlio **Romolo Augustolo.** In questo romanzo ho solo azzardato delle ipotesi. Morì ucciso da **Odoacre** nel 476.

Romolo Augustolo fu nominalmente l'ultimo imperatore romano d'occidente, anche se regnò per meno di un anno, sotto la tutela del padre **Oreste.** Alcune fonti storiche dicono che **Odoacre** lo avrebbe risparmiato, esiliandolo in Campania. Di lui però, dopo il 476, si perdono le tracce. Ogni ipotesi e fantasia sul suo destino è quindi possibile.

Odoacre fu un barbaro di cui non si conoscono le origini: erule, scire o forse unne. Salito al potere dopo l'uccisione del suo precedente compagno d'arme **Oreste,** fece distribuire le terre promesse ai suoi soldati. Scelse di non proclamarsi imperatore, facendo rimandare da **Romolo Augustolo** le insegne imperiali all'imperatore d'oriente **Zenone**. Con lui comincia ufficialmente il Medio Evo.

Anicio è un personaggio di mia invenzione (come i suoi figli **Lucio** e **Anicilla**) ma la *gens* Anicia era ancora importante nella Roma del V secolo. Anche gli imperatori **Petronio Massimo** e **Anicio Olibrio** erano imparentati con gli Anici.

Theodomir e **Valamir** sono personaggi di mia invenzione. Sono però documentati due fratelli ostrogoti con questi nomi. Dopo la morte di Attila, il vero Theodomir divenne re degli ostrogoti e padre di Teodorico il grande. Anche **Valamiro**, figlio di Valamir, è un personaggio di fantasia.

Henning/Sidonio: è un personaggio di mia invenzione, come i suoi figli **Carlo** e **Pipino**. Nel romanzo raggiunge la carica di Maestro di Palazzo del re dei Franchi, ma non si sa se questa carica esisteva già, al tempo del re **Meroveo.**

Giovanna d'Orleans è un personaggio di mia invenzione, ispirato a Giovanna d'Arco, vissuta quasi mille anni dopo. E' vero però che gli Alani all'inizio ebbero un atteggiamento ambiguo verso gli Unni. Furono gli abitanti di Aurelianum a organizzarsi per difendere la loro città, prima dell'arrivo dell'esercito di Ezio.

Ulfila è un personaggio di mia invenzione ma l'episodio degli unni che portano viveri a Narbona assediata è documentato.

Childeric, Ludovico e Ingrid sono personaggi di fantasia, senza nessun aggancio a personaggi storici.

APPENDICE 2
Nomi ed espressioni latine

A

Arelatae: nome latino della città francese Arles
Ars amatoria: poema erotico di Ovidio
Augustonemetum: nome latino della città francese Clermont Ferrand
Aurelianum: nome latino della città francese Orleans
Avaricum: nome latino della città francese Bourges
Ave atque vale! ti saluto e stammi bene! (formula standard nelle lettere)

C

Calidarium: la zona più calda delle terme
Castrum: fortificazione romana
Cinaedus: omosessuale
Coitus: coito
Comes: compagno; nel tardo impero divenne un grado militare e un titolo.
Comes domesticorum: comandante delle guardie imperiali
Culionis: coglione
Culum: culo
Cunnus: vagina; rivolto a un uomo era il peggiore degli insulti
Cura ut valeas: Riguardati per stare bene (formula standard nelle lettere)

D

Divodorum: nome latino della città francese di Metz
Domus: casa
Domus Aurea: residenza imperiale di Nerone
Damnatio memoriae: cancellazione da tutti gli atti pubblici del nome e delle azioni di un condannato per gravi colpe

E

Epistula: lettera

F

Fellatio: rapporto orale
Futuere: fottere
Futue te ipsum: fottiti!
Foederati: barbari, formalmente soggetti a Roma, a cui è stata concessa l'occupazione di una provincia

G

Garum: salsa romana a base di pesce e spezie

L

Limes: confine fortificato dell'impero romano. Seguiva il corso del Reno e del Danubio
Lugdunum: Lione
Lupanares: case per prostitute
Lupus in fabula: espressione latina usata quando compare una persona di cui si sta parlando.
Lutetia: Parigi

M

Magister militum: capo di un esercito romano del tardo impero.
Magister militum presentalis: capo supremo dell'esercito romano.
Magister militum per Gallias: capo dell'esercito romano in Gallia
Magister militum per Tracias: capo dell'esercito greco-romano in Tracia
Mala tempora currunt: E' un brutto periodo questo!
Mamma: mammella
Manipulus: unità dell'esercito romano.
Mantele: asciugamano

Massalia: Marsiglia
Mediolanum: Milano
Mentula: minchia
Meretrix: prostituta

N

Nemasus: nome latino della città francese Nimes
Notarius: funzionario amministrativo
Nummus: moneta romana di scarsissimo valore

P

Pater familias: capo della famiglia
Protector domesticus: grado militare romano del tardo impero
Postribulum: casa per prostitute
Pulicella: pollastrella, da qui il termine medioevale pulzella.

S

Salona: antica città della Dalmazia, vicino all'attuale Spalato
Scortum: puttana
Serdica: nome latino di Sofia, capitale della Bulgaria
Stercus: stronzo
Stultus: stupido
Si vos valetis nos valemus: se voi state bene stiamo bene pure noi
(formula standard nelle lettere,)

T

Taberna: osteria
Taparura: nome latino della città tunisina di Sfax.
Tepidarium: zona delle terme con acqua tiepida
Tornacum: nome latino di Tournai, città belga al confine con la
Francia
Tu desiderium meum, tu voluptas mea: espressioni amorose latine
tratte dal "Satyricon" di Petronio Arbitro

INDICE

Prefazione pag. 5

Parte Prima – Romani e Barbari pag. 7

Parte seconda- l'impero resiste ancora pag. 77

Parte terza- La fine pag. 129

Appendice 1- Storia e Fantasia pag. 161

Appendice 2- Nomi e espressioni latine pag. 165

ALTRASTORIA 24

www.ingramcontent.com/pod-product-compliance
Lightning Source LLC
La Vergne TN
LVHW011013200726
843509LV00011B/1078